中等职业学校职业指导丛书
中等职业学校德育必修课《职业生涯规划》延伸读本

Common Courses
公共课

栽培大树 收获硕果
职业指导入门手册

（供一年级第一学期用）

主　编：陈怡君　刘　涛　许丽琳
副主编：王　洁　苏俊华　唐　琳
　　　　张丽莎　龚金玉　陈　宇

北京・旅游教育出版社

责任编辑：景晓莉

图书在版编目(CIP)数据

栽培大树　收获硕果：职业指导入门手册
/陈怡君主编．—北京：旅游教育出版社，2013.1
（中等职业学校职业指导丛书）
ISBN 978-7-5637-2508-3

Ⅰ.①栽…　Ⅱ.①陈…　Ⅲ.①职业选择—中等专业学校—教学参考资料　Ⅳ.①G717.38

中国版本图书馆 CIP 数据核字(2012)第 246505 号

中等职业学校职业指导丛书
中等职业学校德育必修课《职业生涯规划》延伸读本

栽培大树　收获硕果

职业指导入门手册

主编　陈怡君

出版单位	旅游教育出版社
地　　址	北京市朝阳区定福庄南里1号
邮　　编	100024
发行电话	(010)65778403 65728372 65767462(传真)
本社网址	www.tepcb.com
E-mail	tepfx@163.com
印刷单位	北京科普瑞印刷有限责任公司
经销单位	新华书店
开　　本	787mm×960mm　1/16
印　　张	3.5
字　　数	40千字
版　　次	2013年1月第1版
印　　次	2013年1月第1次印刷
定　　价	48.00元(全6册)

(图书如有装订差错请与发行部联系)

序

职业生涯规划是中职生的德育必修课,是职业指导教育的重要内容,是教育部《中等职业学校德育课职业生涯规划教学大纲》规定的国家规划教材的重要教学内容。

陈怡君是职业教育战线上的一位老同志,也是一位勤勉知名的中等职业学校校长。她在从事学校教育工作中,关注学生职业生涯规划,不断学习、不断探索、不断实践,主编了这套《栽培大树 收获硕果》中等职业学校职业指导丛书。读之,颇受启发。

该丛书内容实,注重学生职业生涯规划的实效性和长效性。教材编写遵循贴近实际、贴近生活、贴近学生的原则,根据学生特点和用人单位对人才的要求,选取了16个基本的学生素养主题,分别从职业信念、职业选择、职场礼仪、职场规则和职场成功五个方面给学生"讲述故事",用"智慧心语"引导学生。所讲故事都是根据真实的生活而创编,鲜活而通俗易懂,如"夹心饼干"、"没有笨老板"、"不能说的秘密"、"莫做小人"等,内容真实,感染力强,有利于引导学生正确地看待社会和个人,有利于学生自强不息,引导他们在心理归属上尽早融入社会。

该丛书适用性强,教学方式方法灵活多样。就使用对象而言,班主任、科任教师、年级组长、德育主任、教研室主任、专业部长等都可使用,覆盖人群广泛;就使用时间而言,长可一节课,短则课前5分钟即可讲完,使用单位可根据教学目的和教学需要,灵活掌控,时间可长可短,非常便利;就教学组织的方式方法而言,既有面向群体的引导,也有个别活动环节,能够充分调动学生的多种感官,让他们在活动中听故事、想问题、说想法、看影碟、唱歌曲、写体会、练本领……

该丛书视角新,对顶岗实习期间的学生如何做好职业生涯规划进行了

有益指导。实行校企合作、工学结合、顶岗实习,是职业教育改革发展中带有方向性的问题,而当前论述顶岗实习过程中职业生涯规划的书很少,对中职学生毕业后走向社会的职业过渡关注不够。陈怡君同志作为中职学校的管理者和实践者,关注到顶岗实习过程中的一些问题,提出了指导学生做好职业生涯规划的个人见解,对从事职业生涯规划工作的同志有一定的借鉴意义,为缺乏实践经验的年轻教师指导中职生进行职业生涯规划提供了有益参考。

该丛书立意高,注重体现职业教育的人才强国战略精神。职业教育是国家经济社会发展的重要基础和教育战略重点,承担着培养数以亿计的高素质劳动者和技能型人才的重要任务,中职毕业生在我国社会主义现代化建设中更是发挥着不可替代的重要作用。该丛书关注到了对这类人群的培养培训和职业生涯规划,定位科学合理,正如书名"栽培大树 收获硕果"所展示,其立意是深远的。

我曾经考察过陈怡君同志所在的学校,对学校和她本人都有所了解。现受其嘱托,写了以上的话。

是为序。

国务院参事:黄尧[①]
二〇一二年七月二十日

[①] 编者注:黄尧,职业技术教育中心研究所所长,曾任国家副总督学、教育部职业教育与成人教育司司长,高级经济师,长期从事职业教育与成人教育政策研究和实践。

前　言

自教育部《职业生涯规划教学大纲》(教职成[2008]7号)颁布以来,各职业学校的职业指导教育工作得到了具体推进,36课时的教学计划在第一个学期实施很好。如何在巩固第一学期职业指导教学成果的基础上,保证职业生涯规划教学工作的实效性和长效性,是时下职业教育工作者需要认真思考的课题。

我们根据社会需求和用工现状,经过探索和实践,为职校生量身定做了这套《栽培大树　收获硕果》职业指导丛书。编写这套丛书的出发点和落脚点,是要长期有效地培养学生的职业意识和职业道德,在潜移默化中帮助职校生规范和调整自己的行为,引导其正确看待社会和个人,把自己放在合适的位置上,使职校生提前在心理归属上融入社会、在价值取向上认同企业、在行为特征上接近企业,为顺利就业、创业奠定基础。

该"职业指导丛书"共6本,每学期1本,每本暂设16个主题。丛书可与国家规划教材同时使用,使用中以国家规划教材为主、以丛书为辅。学校可安排各相关部门利用一切机会和闲散时间,点点滴滴把对学生们的职业指导渗透到每个学期中。班主任可利用晨训时间、读报时间、班会课时间以及课余时间使用本套教材;德育课教师和科任教师可在课前5分钟使用本套教材;年级组长、专业部主任以及团委、学生处等相关部门可用书中材料开展团体性活动,如礼仪比赛、主题辩论赛、成才报告会等。具体使用时,可通过先讲故事后提问的方式,也可根据主题发问,还可利用学生身边发生的正反两面的实例导出话题,引导学生去思考、去观察,从而激发起学生的学习兴趣和热情。

丛书主题的设计采用开放式,各校可根据教学实际把自己学校富有特色的职业指导案例补充进来,出版社每年将选取有推广价值的案例结集

出版。

  该"职业指导丛书"的1~4本供一、二年级使用,5~6本供三年级使用。第5本为学生顶岗实习指导用书,第6本为顶岗实习指导教师用书,教师用书中附有各类表格,各校老师可根据需要复印。

  1~4本用书中安排了"个别活动"模块,设计了"看看影碟""唱唱歌曲"等教学环节。为方便使用,我们将这些环节涉及的影片、歌曲全部分类收录在了一起,有需要的学校或老师可免费索取。索取联系QQ号为:"1549244993 旅游教育社"。

  本套"职业指导"丛书有以下特点:

  1. 注重实用。前四册书分别从职业信念、职业选择、职场礼仪和职场成功四个方面入手,根据学生特点和用人单位对人才的要求,遵循贴近实际、贴近生活、贴近学生的原则,选取了16个基本的做人素养主题,通过"讲述故事"的形式呈现给学生,然后用"智慧心语"予以引导。故事都是根据真实的生活而创编,鲜活而通俗易懂,如"夹心饼干"、"没有笨老板"、"不能说的秘密"、"莫做小人"等故事的创编旨在启发学生思考职场生存发展的大智慧。

  2. 注重实效。为了避免职业指导教育出现"虚效"和"无效"的窘况,本套丛书根据学生身心特点,对学生的体验教育、养成教育予以了特别关注。1~4本书借助于讲述故事这种学生喜闻乐见的方式呈现每个主题,下设群体引导、个别活动环节,运用疏导、参与、讨论、练习等方法调动学生的多种感官,让他们在活动中听故事、想问题、说想法、看影碟、唱歌曲、写体会、练本领,以增强活动的吸引力和感染力,提高职业指导活动的实效性。

  3. 注重发展。本丛书在各主题内容的编排上均以学生的发展为中心,注意与学生认知水平相匹配、与学生生活体验相适应、与学生关注点相一致,引导学生正确面对他们成长过程中的彷徨与困惑,如第3本书里的"不能说真话时请保持沉默"、第1本书里的"做到与得到"……无不向学生传递着面对困惑如何正确行事的信息。丛书还通过故事情节的设计注入时代发展的特性,如第1本书里的"功劳与苦劳"故事主人公——会计老王忍痛丢下算盘学习电脑做账,道出了时代与行业的发展要求个人也要与时俱进的

道理。

4. 注重实习。顶岗实习是中职学校教学的重要环节，是学生走向社会的过渡期，实习成效的好坏，对学生、对学校都至关重要。第5本、第6本书根据学生在企业顶岗实习中出现的常见问题与对策而编写，一本是给学生看的，一本是实习指导教师用的，这是我们反复思考、反复实践的结晶，特整理出来与同人们共享。第6本书附录中有三款表格，蹲守在实习点的教师可用月表；在学校周边管理实习的教师可用旬表；至于通信联络表，两类教师都可使用。

该"职业指导"丛书共6本，第1本由陈怡君、刘涛、许丽琳担任主编，由王洁、苏俊华、唐琳、张丽莎、龚金玉、陈宇担任副主编；第2本由陈怡君、闭春桂、龚金玉、许丽琳担任主编，唐琳、张丽莎、王洁、苏俊华、陈宇担任副主编；第3本由陈怡君、龚金玉、陈宇担任主编，苏俊华、王洁、唐琳、张丽莎、许丽琳担任副主编；第4本由陈怡君、陈宇、赵涛担任主编，张丽莎、唐琳、王洁、苏俊华、龚金玉担任副主编；第5本、第6本由陈怡君、谭小芹著，余俊、韩勇、陈莹、闭春桂、尹晶参与了部分编写工作。

本丛书是一线德育工作者辛勤耕耘的作品，老师们爱教爱生之心很热，爱教爱生之情很真，我们把这真心实意融入每本书的编写中，希望用它起到抛砖引玉的作用，引起广大职教同人对职业生涯教育实效性和长效性的关注。

在丛书的编写过程中，我们从互联网上选取了一些素材，因作者不详，无法一一列出，在此一并表示最诚挚的谢意。

受作者水平所限，书中一定有不少错漏，敬请专家同人指正。

作者

目 录
CONTENTS

一、职业信念

1. 个性——人生最美丽的花朵 ………………………………… 2
2. 良心——人生的根本 ………………………………………… 4
3. 好作风——前进的助推器 …………………………………… 6
4. 自信——人生成功的心灯 …………………………………… 8

二、职业选择

5. 性格与职业 …………………………………………………… 12
6. 职业分析——各行各业都需要微笑服务 …………………… 16

三、职场礼仪

7. 个人礼仪——小节处显精神 ………………………………… 20
8. 公共礼仪——细微处见教养 ………………………………… 22

四、职场规则

9. 公私分明 …………………………………… 26
10. 做到＝得到 ………………………………… 28
11. 功劳与苦劳 ………………………………… 30
12. 用心做事 …………………………………… 32
13. 学会吃点苦 ………………………………… 34

五、职场成功

14. 适应力——职业人的基本能力 …………… 38
15. 专注力——成功的关键 …………………… 40
16. 目标性——成功的灯塔 …………………… 42
征稿启事 ………………………………………… 45

一、职业信念

1. 个性——人生最美丽的花朵

讲述故事

某职高酒店管理专业高一新生第一次开班会,班主任王老师让同学们上讲台做自我介绍。或许是刚到一个新环境,彼此比较陌生,刚开始谁也不愿上台,教室里冷场了。王老师早就料到会有这种情况出现,于是便说:"看来,同学们中还没有第一个吃螃蟹的人。不过不要紧,我们先来玩个'击鼓传球'的游戏。请一个同学上台,背朝大家敲鼓,大家互相传球,鼓一停,球在谁手上谁就上台发言,怎么样?""好,就这个方法吧。"大家都同意了。

很快,初次见面的拘谨被欢乐的笑声所代替。同学们有的上台大大方方地说了自己的名字,自己来自何地;有的能说会道,自我介绍完了,还要说上一两句幽默的话,逗得大家哈哈大笑;有的则非常内向,一上台,还没张嘴,脸就红了,半天没说一个字,在老师和同学们的鼓励下,勉强说出名字就赶快回到了自己的座位上。

轮到王硕上台了。只见他走上讲台,对着老师和同学们鞠了一躬,然后说:"大家好!我叫王硕,三横王,硕果累累的硕。我的优点是对人热情大方,有礼貌,喜欢交朋友。我的兴趣爱好是上网看电影、听音乐、和朋友聊天,也喜欢在网上看新闻、上网玩游戏。如果有和我一样兴趣的同学,请加我为好友!我相信我会和同学们成为真正的朋友的。"

王硕热情洋溢的发言赢得了阵阵掌声。

接下来,球传到李晓芳面前时鼓声停了,但她却不肯上台,后来经过大家的再三鼓励,她勉强上了讲台,低着头不敢看大家,涨红了脸,只说了一声:"大家好,我叫李晓芳。"然后就低着头跑回了自己的座位上。

三年后,这个班的同学毕业了,他们即将走上工作岗位。他们的专业技能和做人做事的本领都有了很大的提高,个性也有了改变。王硕当过体育委员、班长,上台讲话更加热情大方,与人交往也更加活泼开朗,到酒店工作不久,就被安排做了前台咨询人员。

李晓芳仍然文静、内向,不多说话,但是在生人面前说话不再像最初那样害羞了,而是彬彬有礼,应对得体。根据她的个性,她被分配到了客房服务部。

他们在各自的工作岗位上都干得很出色。

智慧心语

梅花,有着"暗香浮动月黄昏"的风韵;杨柳,具有"万条垂下绿丝绦"的婀娜……它们各有各的风采,各有各的魅力,这是个性使然。

个性,是一个人比较固定的心理特性,具有一定的稳定性,它的形成与人们所处的环境有关,与人们所受的教育也有关。不同的人有不同的个性,有的人个性强一些,有的人个性相对弱一些;有的人开朗大方,有的人内向文静……如同暗香浮动的梅花和婀娜多姿的杨柳同样动人美丽一样,不同个性的人,能活出不同的精彩人生。在职场上,只要我们以职业道德做基石,善用自己个性中积极的一面,让自己往积极的性格方向发展,就能在职场中游刃有余。

个性的释放,需要感性的热量,更需要理性的光芒。同学们,请亮出你的个性,活出你的色彩,同时别忘了积淀你深厚的道德功底!

群体引导

用心想想:什么样的个性更适合将来就业的需要?

个别活动

1. 谈谈说说:如果你是老板,你喜欢你的员工具有什么样的个性?
2. 动笔写写:自己的个性适合将来就业的要求吗?自己应该如何改进?

2. 良心——人生的根本

讲述故事

有一个导游，姓文，带着一个团队的游客，来到风景如画的景点旅游，在车上她那热情而细致的讲解、风趣幽默的语言，调动了游客们的互动和表演，很快赢得了游客们的好评。

车到了一个拐弯处，突然，意外发生了，车翻到路旁的沟里，有人受了伤。

小文也受了伤，而且伤得不轻，右腿骨折。

整个车内一片慌乱，哭喊声、叫骂声，乱作一团。

这时，只见小文高声喊道："请大家不要慌，我是导游，请大家听我的指挥，请大家不要慌乱，要听从指挥，越乱越糟糕！"

在她镇定的指挥下，大家开始了紧张而有序的救助。小文先打了求助电话，之后组织大家有次序地离开车辆，并让几位男游客帮助查看车内受伤的游客，把受轻伤的人抬着扶着离开车辆，疏散到安全的地方。当救护车到来之前，小文已经因为伤势太重而昏过去几次，但只要一醒来，她就会尽力去安慰游客。

救援车来了，救援人员把受伤人员抬下车，再抬上救护车，准备送到医院。

当救援人员看见她的腿骨折断，鲜血浸透了裤腿，准备先把她抬下车时，她却说："请先去救客人，我是导游！"救护人员一次次地向她走来，她一次次艰难地摇着头说："我不要紧的，先救游客吧。"

在她的一再要求下，救护人员只好先去对游客进行施救。

当受伤游客都被救走，她才同意救护人员对她施救，这时，她已经完全没有力气了。

在医院抢救时,为了保住她的生命,医生只好对她截了肢。

在生死关头,小文忍着巨大的痛苦,说了很普通的话,但,这句话的分量非常重,她把生的希望让给了游客,把死的威胁留给自己。她身上体现的,是一位导游的职业道德,也叫作职业良心。

她的一条腿,从此没有了,但她为自己赢得了荣誉,为自己的职业,赢得了荣誉,她成为人们学习的楷模。她说,能够最大限度地减少游客的痛苦,她损失了一条腿,并不后悔。

智慧心语

良心,指的是这样一种发自内心的、自觉的理念或认识,它能够使人正确地分辨是非,并用以指导自己的行为,或成为评价自己或他人行为的尺度。职业良心,则是从业人员对职业责任的自觉意识。这种意识,是发自内心的,它属于职业道德的范畴。职业良心可以通过学习学到,更要从自己的职业生涯中去体验和感悟。具备职业良心,是从事任何职业都必须具备的一个前提条件,也是干好任何一门职业所必须具备的重要条件。古罗马的西塞罗说:"对于道德实践来说,最好的观众就是人们自己的良心。"

群体引导

用心想想:请结合你要从事的职业,想想符合职业良心的行为是什么?违反职业良心的行为是什么?

个别活动

1. 看看影碟:看看电影《良心》。
2. 谈谈说说:良心有什么作用?良心与"做人"和"做事"之间有什么关系?
3. 读读写写:找时间可读一读《职业良心》(张瞭原、黄海平著)一书,动笔写写读后感。

3. 好作风——前进的助推器

讲述故事

某中职学校为高一新生举行了一场成才校友报告会。王向东是被请来作报告的校友之一，他曾就读于工艺美术专业，现在是某艺术学院全国著名的教授。

在谈到自己的成长经历时，王教授深有感触地说了一件难忘的事情。

有一次周末大扫除，大家认为干得差不多，就放学回家了，连班主任也回家了。他刚想走，突然想起学校特别提到卫生标准中有一项，就是要把粘在地上的口香糖残渣铲除掉。

"大家都走了，我也走吧，总不能让我一人干完。"他拿起书包准备离开，又犹豫了，"不行，如果我走了，那我们的清洁区就没人扫了。'一屋不扫，何以扫天下'？我干！"王向东放下书包，拿起铲子，使劲地铲了起来。

正干着，恰巧校长经过这里，看见偌大一片清洁区就王向东一个人还在劳动，就问他怎么回事。当校长了解了事情的原委后，说："大家都走了，你一个人还在干着，真是好样的。"

王向东说："谢谢校长的夸奖。其实，只要是我想做的事，我一定会认真做好，不做好决不放手。"

校长说："这就是一种好习惯，是一种好作风！不管什么事，要做就要认真细致地去做，做实、做好，你有了这样一种好作风，保持发扬下去，你一定会成功的！"

在校学习工美专业期间，无论是绘画、雕塑、折纸、插花、摄影摄像，还是电脑美术设计等课程，王向东都认真学习，一丝不苟，严谨细致，"要做就要做得最好"。

从中职学校毕业后,他来到一家工艺美术厂工作,一边工作一边学习,最后考上了艺术学院雕塑系,毕业后留校任教,现在成了全国著名的青年雕塑大师。为感谢学校的培养,他为母校设计制作了三座很富有创意的大型不锈钢雕塑。

智慧心语

工作作风作为一种习惯力量,支配着职业人的思想和行为。良好的工作作风有认真仔细、严谨踏实、任劳任怨、一丝不苟等。一个具有良好工作作风的人在职场将终身受益。

群体引导

用心想想:有人说,起床早些还是晚些,早锻炼是不是自觉,按时到校还是经常迟到,是不是注意个人卫生,这些都是个人生活小节,是各人自己的事。但也有人说,这关系到一个人的作风,做得好与不好,对一个人的健康成长与否,关系极大。想一想,这两种说法是否有道理。

个别活动

1. 看看影碟:看看电影《霓虹灯下的哨兵》。
2. 谈谈说说:优良作风有哪些?优良作风对人的健康成长有什么作用?

4. 自信——人生成功的心灯

讲述故事

"君不见,黄河之水天上来,奔流到海不复回,君不见,高堂明镜悲白发,朝如青丝暮成雪……天生我材必有用,千金散尽还复来……"张成经常站在学校旁边的小山顶上,兴奋激动地大声吟诵这首诗歌,用以激励自己。

可是,有一段时间,他的情绪不是这样的,而是正好相反,他经常埋怨老天爷为什么对他这么不公平。

他的家,在一个贫困边远的小山村里,为了改变自己的命运,张成初中毕业后,来到了位于城市里的这所中职学校学习美容美发专业。

刚走出大山,城市里那高大的建筑,宽阔的街道,人来车往,令他目不暇接。走进学校,雄壮气派的不锈钢雕塑,红绿相间的塑胶田径运动场,明亮的教室,设备一流的实训室,整洁干净的宿舍……这一切,让他既感到新奇,也感到兴奋,他立即爱上了这里。

在学习中,他遇到了"拦路虎"。过去在农村,头发长了,都是大人拿把剪刀随手剪短就行了,从来没有听说过"美容美发"这个词,老师教的东西,自己很难掌握,双手好像不听使唤,怎么练都不行,他觉得自己太笨。

有的同学取笑他没见过世面,山旮旯出来的,他很气馁,想改学专业,可是,又有哪一种是他经历过的呢?老师发现他的情绪低落,找他谈话,他说出了原因,认为自己不是学技术的料,很灰心。

"农村的又怎样?往上数三代,大多数人都是从农村出来的。我也是从农村出来的,当年在学校读完书毕业后,南下广东闯荡了几年,后来学校规模扩大,我的老师推荐我回校做老师。"

"不是吧老师?真看不出来。老师你看我能学好吗?"张成急切地问道。

老师说:"只要你肯学,不怕苦,不怕累,一定会比我强的。"

老师还举了很多事例,都是当初来自农村,在中职学校学到做人做事的本领后,走上了成功之路的。老师教给了他李白《将进酒》这首诗,告诉他,一个人在生活道路上的成功最重要的就是要相信自己,有了自信心,就有了战胜困难的勇气。

老师的一番话,让张成记在心里。经过刻苦学习,张成的专业技能突飞猛进,被选拔参加了市级、省级甚至全国中职学生技能大赛,都获得了一等奖的好成绩。

自信让他获得了成功。

智慧心语

自信,就是自己要相信自己,不要看不起自己,不要轻视自己。自信和自卑是两种截然相反的心态,自信的人对自己、对生活都充满了信心,生活愉快。自卑的人对自己、对生活丧失信心,活得很累。但要注意哟,不可盲目自信,盲目"自信"会让自己迷失方向。自信来源于对知识的积淀,来源于对自己的正确认识。

群体引导

1. 用心想想:用"自"与其他字搭配组词,如"自强"、"自信",看看能找到多少,然后看看,与"自信"有关联的有哪些。(如"自信"与"自强")

2. 唱唱歌曲:

怒放的生命

填词:汪峰　演唱:汪峰

曾经多少次跌倒在路上　曾经多少次折断过翅膀
如今我已不再感到彷徨　我想超越这平凡的生活

我想要怒放的生命　就像飞翔在辽阔天空
就像穿行在无边的旷野　拥有挣脱一切的力量

曾经多少次失去了方向　　曾经多少次扑灭了梦想
如今我已不再感到迷茫　　我要我的生命得到解放

　　我想要怒放的生命　　就像飞翔在辽阔天空
　　就像穿行在无边的旷野　拥有挣脱一切的力量

　　我想要怒放的生命　　就像矗立在彩虹之巅
　　就像穿行在璀璨的星河　拥有超越平凡的力量
曾经多少次失去了方向　　曾经多少次扑灭了梦想
如今我已不再感到迷茫　　我要我的生命得到解放

　　我想要怒放的生命　　就像飞翔在辽阔天空
　　就像穿行在无边的旷野　拥有挣脱一切的力量

　　我想要怒放的生命　　就像矗立在彩虹之巅
　　就像穿行在璀璨的星河　拥有超越平凡的力量

个别活动

1. 谈谈说说：找一找自己的自信心，看看自己的自信心属于下面的哪一类：

　　A. 很强　　　B. 有一点儿　　　C. 有时有，有时没有
　　D. 有些方面有，有些方面没有　　E. 没有
请对自己做一个评估：自己的自信心还得在哪些方面进一步加强？

2. 动笔写写：在职场上什么时候最需要自信心？

二、职业选择

5. 性格与职业

讲述故事

阳小婷是一个有着姣好面容、高挑身材的女孩子。在她三岁时，父母就外出打工，仅在春节时才见几天，平日里她和弟弟跟着年迈的爷爷奶奶在农村生活。随着年岁渐长，原本叽叽喳喳像小喜鹊似的阳小婷变得沉默寡言，整天待在家里帮奶奶做家务。当小伙伴来邀请她出去玩时，她总是找借口拒绝。久而久之，朋友渐渐少了，只有同桌小玲一个好朋友。

初中毕业后，小婷和小玲相约离开农村，来到了城市某所职业中专读书。刚到新学校，两人好奇地东看看西瞧瞧，看着美丽的校园、忙碌的学长，她们很快就喜欢上了这里。

在开学的第一节课上，班主任陈老师让大家作自我介绍。当轮到阳小婷时，她忸怩地站起来，半天没说话。老同桌小玲小声说："说呀，大家都在看着你呢。"她还是没有吭声。

"阳小婷同学，大家互相认识认识，不要紧张。大家有缘坐到了一个教室，我们就像兄弟姐妹一样。现在我们又不是上台演讲，说得不好也没什么大不了的。我们想认识认识你这个小美眉呢。"陈老师鼓励道。

当老师说到"小美眉"时，大家都笑起来，沉闷的气氛一下子变轻松了。小婷也笑了笑，张口介绍起自己的特长爱好来了。此后，小婷发现热情开朗的小玲很快和同学们打成了一片，小玲还加入了学生会，愈加忙碌了。小婷还是不爱说话，很少主动跟人打招呼，经常被别人误以为自己傲慢，她很苦恼。陈老师找她谈心，她跟老师谈到了自己的烦恼。"陈老师，我很羡慕那些能说会道、受大家喜欢的人。我怎么做不到呢？"

"只要你愿意，你就会成为你想成为的人。首先找找原因，你为什么不爱说话呢?"陈老师问。

"我听大人讲过'祸从口出'、'沉默是金',以前我怕说错话,一年才见面的爸爸妈妈不喜欢我,也怕爷爷奶奶只爱弟弟不爱我。再说了,我的普通话不够好,有蛮浓的乡音,我怕同学笑话我。"

"哦,是这样。过去说'祸从口出'、'沉默是金',那是针对某些特定情况的。在日常交往中,我们不要害怕讲话、更不用害怕讲错话。跟你交流的都是你的亲人、朋友,即使说错,他们也会原谅你的。至于普通话不标准,不要急,现在我们开了普通话课程,好好练习。只要敢于面对陌生人,敢于交流,你就会成功的。"

陈老师的话,像一缕暖人的春风,吹进了小婷尘封已久的心。慢慢地,小婷变了,变得大方、敢于说话了,人也开朗了许多。一个学期后,小婷和小玲一起,加入了为同学服务的学生会,还参加了区里举办的"中职学生新时代刘三姐"大赛的选拔,才貌双全的她获得了"新时代刘三姐"的荣誉称号。家里人看到她的模样,惊叹道:"想不到,我家小婷变化那么大,太感谢学校了。"

智慧心语

东方古语云:"积行成习,积习成性,积性成命。"性格能影响一个人对职业的适应性与成就。只有当性格与职业相匹配,并有能力相支撑时,才能实现自身价值最大化。

群体引导

1. 听听歌曲:

坚强

填词:林夕　演唱:余文乐

该走的路

谁说过　一定平坦

起起落落练就的翅膀

能飞越时代
一直领导方向
有这土壤
就有这样的浩瀚
把那黑暗的天空带来阳光
往事留心中
眼睛向前看
遇上多少阻碍一声不吭
为平凡的世界留下不平凡
这一条路
就叫坚强
还多得一路上的困难
背着万千人的希望
紧握自己理想
成为一道挡不住的力量
不管多苦
只要坚强
你一定可以活得漂亮
过去流传荡气回肠
今天我们期盼
未来的灿烂

2. 用心想想：如果性格与职业不匹配会怎么样？

个别活动

1. 看看影碟：看看美国电影《风雨哈佛路》。

2. 谈谈说说：分小组议一议，把班上同学从性格进行归类，看看同学们都适合什么职业。

资料卡片：

霍兰德的职业人格理论

美国心理学家和职业指导专家霍兰德经过十几年的跨国研究，提出了职业人格理论：

(1) 现实型的人喜欢户外、机械以及体育类的活动或职业。喜欢与"物"打交道而不喜欢与"人"打交道，喜欢制造、修理东西。

(2) 探索型的人好奇心强，好问问题。喜欢了解、解释和预测身边发生的事。有科学探索的热情。对于非科学、过于简单或超自然的解释，多持否定和批判的态度。

(3) 艺术型的人有创造力、善表达、有原则、天真、有个性，喜欢与众不同并努力做个卓绝出众的人。

(4) 社会型的人友善、热心、外向、合作，善于交流，喜欢与人为伍，能洞察别人的情感和问题。

(5) 管理型的人外向、自省、有说服力、乐观。喜欢有胆略的活动，敢于冒险。支配欲强。

(6) 常规型的人做事一板一眼、固执、脚踏实地，喜欢做抄写、计算等遵守固定程序的活动，是个可信赖、有效率且尽责的人。

6. 职业分析——各行各业都需要微笑服务

讲述故事

一天中午,餐厅服务员李丽给顾客倒水时,不小心把一些茶水溅到了桌上,顾客勃然大怒:"你是怎么服务的?我这几千块钱的衣服,如果被溅湿了你能赔得起吗?"

李丽马上用抹布小心翼翼地擦干桌子,面带微笑地说:"先生,实在对不起,这是我的疏忽,我感到非常抱歉。"但无论她怎么解释,这位挑剔的顾客都不肯原谅她。

在接下来的就餐中,为了补偿自己的过失,每次去给那一桌顾客服务时,李丽都会特意走到那位顾客面前,面带微笑地询问他需要什么帮助。然而,那位顾客每次都板着脸,并不理会服务员。

结账时,那位顾客要求服务员把老板叫过去,很显然,他似乎要投诉李丽了。此时李丽心里忐忑不安,但是仍然不失职业道德,显得非常有礼貌,面带微笑地说:"先生,请允许我再次向您表示真诚的歉意,无论您提出什么意见,我都将欣然接受您的批评!"

那位顾客见到老板后说:"在整个就餐过程中,这位服务员表现出的真诚,特别是她的十次微笑,深深打动了我,你们的服务质量很高,下次我还来你们的餐馆就餐!"

智慧心语

我国现有365个行业,各行各业各有特点,对人才均有不同的要求,每个人应了解行业的特点而选定自己的就业方向。俗话说"行行出状元",不管做哪一行,都是做服务,既是服务就需要微笑。在上面这个故事中,我们可以想象,如果没有服务员后来的微笑与关怀,她十有八九得到的是严厉的投诉,并将最终影响自己的职业道路。但是,她的微笑不但温暖了顾客,也让自己脱离了困境,为自己的失误做了很好的补救。

群体引导

1. 用心想想:微笑除了能温暖对方,它还有什么作用?
2. 动手练练:角色扮演顾客与员工"三米微笑":顾客在走到距员工三米之内距离的时候,员工要眼睛注视顾客,面带微笑,露出八颗牙齿,与顾客打招呼,并询问能帮助顾客做什么。

个别活动

1. 看看影碟:看看美国电影《蒙娜丽莎的微笑》。
2. 动手练练:学会微笑,具体做法是:面部肌肉放松、自然;双面肌肉用力向上抬,口里念"一",抬高口角两端,注意下唇不要用力过大;喜在眉梢,呈现两只弯弯的月亮的笑眼。

三、职场礼仪

7. 个人礼仪——小节处显精神

讲述故事

普通大学毕业生张明面临就业,他在网上、招聘会上投了好几份简历,面试几次不成。他担心自己会成为"面霸"。

当他来到通达公司面试时,排队等候了十几个人。叫到谁,谁就推门而入。叫到张明时,他没有推门而入,而是敲门问:"请问,我可以进来吗?"等到经理说可以时方才进去面试。

几天后,张明接到该公司的电话,说是下周就可以去上班了。在为新人举办的欢迎宴上,张明对经理说:"经理,谢谢您招我进来,我会好好干的。"

经理说:"说实话,你的条件不如别人优秀,但我看中的是你的讲文明懂礼貌。当你进房间时,你轻轻地敲门;当你面试时,鞠躬问候评委们,语言得体;当你要离开时,一句'评委们辛苦了'让我们温暖,轻轻地带上门出去。你是个有教养、懂得尊重别人的人。经过努力,你会成功的,加油,小伙子。"

"太谢谢经理了,能得到您的赏识是我的荣幸。我一定好好干,不会给您丢脸的。"

智慧心语

中国是文明古国,有"礼仪之邦"的美称。礼貌待人是中华民族的传统美德,是我们国家、我们民族文明、进步的表现。礼节礼貌是指人与人之间和谐相处的意念和行为,是言谈举止间对别人尊重与友好的体现。

群体引导

用心想想：注重礼仪礼貌能够给我们带来什么？

个别活动

1. 谈谈说说：职业学校的学生与普通中学生在注意礼仪礼貌方面有什么区别？

2. 动笔写写：读一读《弟子规》，写一写在日常行为规范中应遵循哪些礼仪。

8. 公共礼仪——细微处见教养

讲述故事

按照香港地铁规定,任何人不得在港铁付费区内饮食,即入闸后所有范围,包括月台及车厢等,否则可罚款2000元。2012年1月17日,一条"内地游客在香港地铁进食引发争议"的微博激起网友讨论。一段名为"火车内骂战:香港人大战内地人"的视频在网络上传得沸沸扬扬。骂战的导火线是,内地小女孩在车厢内吃点心面,有乘客提醒"车厢内不能吃东西",之后小姑娘的母亲及同行与香港乘客争吵起来。以下是一些网友的评论:

"对于一个游客来说,可能对旅游目的地的一些规定、习俗并不了解,当地人应该多提醒、体谅一下这些游客。当然,并不能因此说内地游客在香港地铁上进食就是情有可原的,因为在旅行之前,至少要对目的地的社会风情有个大概了解。"

"小姑娘的妈妈固然有错在先,但是那位自以为素质很高的港人,用这种以恶制恶的手段展开对骂,也没有什么文明可言。内地人需要反省,港人也应该反思,用不文明的手段去纠正不文明行为,不仅没有效果,反而会激化矛盾,让不文明行为升级。'仁爱产生仁爱,野蛮产生野蛮。'有理还要让三分,这位妈妈和那些港人都应该为孩子做个好榜样。"

"我多次去过香港,国人的一些'不文明行为',在很大程度上缘于'公共观念的缺失'。许多到过香港的游客都有这样的感受:港铁付费区内、马路上,虽然熙熙攘攘,却很干净,没有纸屑,更无痰迹。街旁的公共设施,不仅完好无损,更是洁净如新。公厕窗明几净,一尘不染……整洁、有序的现象背后,折射出强烈的公德意识。遵守社会公认的文明规则,是得到他人尊重的前提。一个民族,如果缺乏公德意识,它带来的不仅是不文明的陋习,更会造成生存环境的杂乱无章和社会秩序的失范。"

对于此事的评论,仁者见仁、智者见智,但是毋庸置疑的是,注意公共礼仪绝对没有错。

智慧心语

公共礼仪是指人们置身于公共场合时所应遵守的礼仪规范,它是社交礼仪的重要组成部分之一,也是人们在交际应酬之中所应具备的基本素养。无论是走路、行车、乘船还是乘机、住宾馆等,都必须注重公共礼仪。

群体引导

用心想想:公共场合的礼仪有哪些?在校期间,我们需遵守哪些公共礼仪?

个别活动

1. 看看影碟:观看视频《火车内骂战:香港人大战内地人》。
2. 谈谈说说:看完《火车内骂战:香港人大战内地人》视频后,说一说你自己的看法。

四、职场规则

9. 公私分明

讲述故事

周恩来总理严于律己,在公私分明方面堪称楷模。

有一次,周总理到上海出差,听说有一些领导同志带着夫人、孩子到地方去,食宿费用都由地方开支后,他非常生气。回到北京后,他在全国第三次接待工作会议上向各省市代表提出:"今后无论哪个领导到省里去,吃住行等所有开支,地方一概不要负担,都要给客人出具账单,由本人自付。这要形成一种制度。"

周总理不仅严格要求别人,更严格要求自己,并且身体力行。他带头做到公私分明,绝不占公家一分钱的便宜。他到各省考察或开会时,都吃工作餐,且如数付钱、交粮票。他外出经常自带茶叶。有一次在宾馆开会,服务员端上一杯茶水,他赶忙交了5分钱。还有一次,他要到人民大会堂接见外宾,先坐车由中南海西花厅去北京饭店理发,再到人民大会堂。从北京饭店理完发出来,他提醒司机说,从西花厅到北京饭店算私事,从这里到人民大会堂才是公事,不要搞错了。原来,总理对自己外出用车,早就立了一个严格的规矩:凡坐车到饭店理发、到公园散步、到医院看病以及私人访友,都属于私人用车,由司机记账入册,车费月底从他工资中一并扣除。

周总理如此公私分明,着实难能可贵,令人敬佩。按理说,作为总理,对于日常生活中的一些小节问题,无须太过计较。然而,周总理却偏偏"斤斤计较",不给自己任何一次占公家便宜的机会。由此,我们不难看出他严于律己的高尚情操。正因为在其头脑中,公与私界限分明,所以他才会自觉地从一顿饭、一点儿茶叶、一次用车等生活小节上严格自律,从不享受特权、滥用职权。

四、职场规则

> **智慧心语**

　　周总理不享受特权、不滥用职权，外出用车公私分明，体现出他的高尚情操，所以周总理令人敬佩。"公私分明"是一个人需遵循的职业操守之一，也是职场上应该注意的一条游戏规则，职场上忌讳的就是公私不分。在工作时间就专心致志地办理公务，私人的事不要在工作时处理。如果把公事私事搅在一起，绝对会影响你在公司的形象和前程。

> **群体引导**

　　用心想想：假如你是一名公司员工，你应怎样处理公事和私事的矛盾？

> **个别活动**

　　1. 谈谈说说：在每个班级里哪些属于公事公物，哪些属于私事私物？分四组讨论，派代表发表见解。
　　2. 动手写写：举例写写应怎样注意避免公私不分现象。

10. 做到 = 得到

> **讲述故事**

　　一天，在我家房后的两根 2 米高的木桩之间，我发现一只肥大的灰蜘蛛在结着一张很大的网，我很纳闷：蜘蛛会飞吗？它怎么从这个木桩到另一个木桩，中间有三四米宽，没有任何连线连接，蜘蛛是怎么把第一根线拉过去的？

　　我经过很多天的观察，终于发现蜘蛛是怎样"飞"过去的——它，起初拉第一根线时走了许多弯路，从一个木桩起，打好结，顺着木桩往地下爬，到了地上小心翼翼地翘起尾部，不让丝沾到地面的沙石或别的物体上，然后慢慢地向另一个木桩爬，走过空地，绕过很多路障，再爬上对面的木桩，等到与第一个木桩高度差不多时，再把丝收紧，打上结，然后再按如此方法反复不断地来回爬织，才织出精巧而规矩、八卦图一样的神奇大网，悬挂半空，简直有如神力帮助。

　　蜘蛛没有翅膀，不会腾空飞越，它靠的是勤奋、智慧、执著、默默无闻的坚韧。为了完成任务，没有埋怨、没有退缩，想方设法地去做了，并且做到了，它最终也得到了成功——用织来的坚实的网，捕捉到很多美食。

> **智慧心语**

　　很多人在很多时候不是缺乏梦想，而是缺乏对梦想执著和默默无闻的追求。如果没有像蜘蛛那样的执行力，梦想就永远成不了真！成功很可能是：想到 + 做到 = 得到。

群体引导

用心想想：蜘蛛是靠什么才织出精巧而规矩、像八卦图一样悬挂在半空的神奇大网的？

个别活动

1. 动手做做：找来绳子，分组在两根5米宽的木桩之间学习蜘蛛织一个网，看谁织得又快又好？
2. 谈谈说说：分小组谈谈织网的感受，并说说在学习生活中，你从蜘蛛织网的故事中得到什么启示。

11. 功劳与苦劳

讲述故事

在20世纪90年代初,一家国营企业里有一个老王会计,算盘打得非常好,他已经习惯于用算盘算账。他每天都在兢兢业业不辞劳苦地算,没日没夜用了一个月的时间才算清公司的账目,特别是到了月底更是加班加点才完成。

每当有年轻人抱怨工作劳累时,企业李总说:"看看我们的老同志,每天辛辛苦苦地工作,他抱怨过吗?好好向老王学习学习。"不少同事也很佩服道:"天天跟数字打交道,把账理得一清二楚,要是换我呀,早就瘫了。佩服呀!"每年的先进工作者,老王会计都榜上有名。老王心里乐滋滋的:工作苦是苦,值得呀!

过了几年,公司发展壮大,新分来了一位学金融的大学生小张,他和老王会计一起负责公司账目。小张上班伊始,就申请了一台电脑,自己安装了会计专用的软件。当老王噼里啪啦地欢快地打着算盘做当月账时,小张开始用电脑做账。老王对此不屑一顾:小毛孩一个,能做得好吗?还得我这样的老会计出马。

两天后,当小张把账册交到老王手上时,老王傻眼了,自己才做了不到1/10,而小张做得清清楚楚,分毫不差。

慢慢地,小张取代了老王,老王成了小张的助手,老王摸着多年的老朋友——算盘,伤心地说:"我没功劳也有苦劳,哪能让我做小张的助理呢?我提前退休算了。"

"老头子,看开点,你看看现在是什么时代了,是你落伍了。"他的老伴说。"爸爸,不要伤心,你会赶上时代的。'活到老,学到老',你的电脑老师远在天边,近在眼前,我包了。"儿子立马把老王拉到电脑前,耐心做起了爸爸的老师。

不久,老王把他的宝贝算盘收藏起来,也开始用电脑操作了。在老王和小张的合作下,公司财务科的工作做得又快又好,获得了大家的一致好评!人们再也听不到老王"没功劳也有苦劳"的牢骚了。

智慧心语

没有功劳也有苦劳,这是一些把事情没做成还想记功的人喜欢强调的理由。在没有功劳的时候,强调苦劳毫无意义。很有能力,很有本领,不能做出成绩,能力何用?工作非常勤奋,经常加班加点,吃苦耐劳,任劳任怨,最终做不出成绩,勤劳何用?苦劳是过程,功劳是结果。

群体引导

用心想想:梳理一下自己生活与学习中有"功劳"与"苦劳"现象吗,想想应如何改进?

个别活动

1. 谈谈说说:结合自己或身边的事例,比一比谁的表现最应值得推崇?
2. 动手练练:主动为班级做一件有意义的事情,体验"功劳"带来的快乐。

12. 用心做事

> **讲述故事**

闫妍中职毕业后来到一家电脑公司上班,她做事很勤快,嘴也很甜,公司里的人都很喜欢她,但需要花点脑筋的事谁也不让她去做。闫妍想不通,便去问自己的师傅,师傅说:"小闫呀,你做事是挺勤快的,但是,毛糙、不够细心,做点打杂的事还可以,其他的嘛……"师傅话还没说完,闫妍就伤心地哭了。师傅一看闫妍掉眼泪,便打住了话题。

师傅的话虽然伤了闫妍的自尊心,但她想想自己所做的事,的确如师傅所说。自己做事确实不够细心,有时候没帮上忙,反倒给别人添了麻烦。闫妍暗下决心改正不足,她仔细观察,向同事们学习。过了一阵,她小心地问师傅:"师傅,您看我这段时间工作认真,有进步了吧?"

"小闫,不错,有进步了。"师傅说,"你比过去细心了。做事不仅要认真细致,更要做一个有心人。记住,认真做事只能做对,用心做事才能做好。"

闫妍不理解:认真做事不是用心了吗?到底怎样做才算真正的用心呢?看着闫妍一脸不解的样子,师傅开导道:"闫妍,什么是有心人呢?打个比方,我让你搬一块砖到另一个地方,你按我说的话去搬砖,这说明你很认真。如果你想,师傅要我搬这块砖是干什么用的,我把砖搬到那边合适吗,会影响其他人走路吗?不行,把它搬到另一边才是最合适的。这就是做事用心了。"

听了师傅的解说,闫妍恍然大悟:自己理解的认真做事是没有经过思考,只是做死事。而用心做事,是会想着如何把事做好,做得更漂亮、更合适。

现在的闫妍,不再只想着工作做对了没有,她更多的是想着如何能把事做好。她的用心,为她赢得了许多做难事的机会,能力得到了大大的提高,闫妍成了公司的中坚力量。

智慧心语

认真做事只能做对,用心做事才能做好!凡事用心终会成功。用心做事,能够耐得住一段时间寂寞的人,往往可以书写自己的精彩人生!记得,自己的用心,一定会赢得别人的喝彩!

群体引导

用心想想:在生活中自己有没有用心做事?自己的身边有哪些人在用心做事,效果和别人有什么不同?

个别活动

1. 谈谈说说:结合身边的事例,说说如何才能做到用心做事。每一小组派一人发言。
2. 动笔写写:如果你是老板,你会选择认真的人还是选择用心的人?
3. 动手练练:设定一个目标,做一件让自己惬意的事情。

13. 学会吃点苦

讲述故事

小雅要到北京的酒店实习,她从来没离开过父母,一路上很兴奋,对新的环境、新的工作充满憧憬。我告诉她,开始肯定会有些不适应,但只要咬牙坚持下去,就会适应新环境,学到更多的东西。如果实习的时候没能坚持下来,那走到社会上后就很容易变成职场上的逃兵。

刚到北京,小雅一看到酒店安排的宿舍就大叫:"未来一年我就要住这种鬼地方?比学校的宿舍还差。老师,能不能换地方?"我温和但很坚决地告诉她:不行!酒店怎么安排就怎么住,况且你是来实习不是来旅游的。其他同学也劝她,小雅很委屈地住下了。

第一天下班后,我问学生上班的感受如何。许多学生都觉得还行,能适应。只有小雅一回到宿舍就叫:"这是什么鬼地方呀,连玩一下手机的时间都没有,我想回去了。"一连几天小雅都是这样,总抱怨上班太累了,又没地方坐,只有中午才能休息一小时,一直吵着要回家。我打电话给她妈妈,想让家长配合做小雅的工作,小雅妈妈说:"老师,我从不让我宝贝女儿干活的,她从小就是十指不沾阳春水的。现在让她上这种班,她哪里受得了?老师,麻烦您带她回来吧。"我讲了实习的管理规定,小雅和妈妈口气一样,一定要回家。无可奈何,我只得把她带回来。

回来后,学校又给她安排了几个实习的酒店,她不是嫌这苦,就是说那累,要不然就是起得太早,工作环境不好。总之,她总有一堆的理由,没一个地方让她满意、能让她坚持一个星期的。最后,她成了没完成实习任务的逃兵,毕业证也没拿到。

几年后,我在街上遇到她,问起她的情况,她叹了口气:"老师,早听您的话就好了。我实习的时候挑三拣四,没有咬牙坚持下去,中专文凭也没有,现在找工作都难,每天还要听妈妈唠叨。我们班的同学都挺有出息的,就我……烦啊!"

智慧心语

人不能太宠自己,该吃苦就要学会吃点苦。吃得苦中苦,方成人上人!现在很多人缺乏吃苦精神,工作总爱挑三拣四。就像吃饭一样,挑食的人总是长不壮实。只有在做好本职工作基础上可以承担更多其他工作的人,才会更快地成长,才会更被老板器重。记住,天道酬勤,君子以自强不息。

群体引导

1. 用心想想:如果小雅在实习时坚持了下去,你觉得结果会变成什么样?

2. 唱唱歌曲:

吃苦的力量

填词:林夕

我听过一句话　叫作来日方长

有几个夜晚　就一定有同样的好阳光

阴霾下　又何必急于失望

有时悲伤　不一定是负担

看到最甜的梦乡　就是吃苦的力量

幸福没有必然　我却拥有　快乐的方向

看到最亮的星光　就是黑夜的力量

上天给我那一盏灯　还要自己够勇敢

仰望天空　心不乱　就好看

我在低潮时体验到　什么叫人情冷暖
路怎能　不拐弯　谁不是从跌倒学会成长
流泪不难　Oh 最难是把它擦干
盲目的绝望　怎看到希望

看到最甜的梦乡　就是吃苦的力量
幸福没有必然　我却拥有　快乐的方向
看到最亮的星光　就是黑夜的力量
上天给我那一盏灯　还要自己够勇敢
仰望天空　心不乱　就好看

消化过去的土壤　把心花滋养
我还有什么好沮丧　就看我怎看
（看到最亮的星光　就是吃苦的力量）
Oh 潮降潮涨　顺其自然
看得短　看得长
一切才不一样
看过温室外面风光　宽广得不敢想象
Oh 从平凡看出不平凡

天　亮不亮（看你怎么看）
难题　难不难　烦不烦
还看我怎么看

个别活动

1. 看看影碟：看看日本电影《千与千寻》。
2. 谈谈说说：分小组议一议，在学习、工作中有哪些地方可以培养吃苦精神，有没有同学是自觉吃苦的。班长负责检查、收集、总结。
3. 动笔写写：写出一个自己吃苦的故事。

五、职场成功

14. 适应力——职业人的基本能力

讲述故事

在 IBM 工作的最早日子里,吴女士扮演的是一个微不足道的角色,沏茶倒水,打扫卫生,完全是脑袋以下肢体的劳作。连触摸心目中的高科技象征的传真机都是一种奢望,她曾感到非常自卑。但是,她对自己说:有朝一日,我要有能力去管理公司里的任何人,无论是外国人还是香港人。

通过不懈的努力,一年后,吴女士获得培训机会进入销售部门,因业绩突出不断晋升,从销售员直至出任 IBM 华南分公司总经理。

1997 年,吴女士出任 IBM 中国销售渠道总经理,1998 年,出任微软(中国)公司的总经理,她在微软的上司说"她和微软公司那种生生不息的创新拼搏精神,承受压力的能力以及勇于迎接挑战的个性有某种深层的契合"。1999 年,吴女士"因个人原因"辞职,在 IT 业引起震动。1999 年 10 月,吴女士出任大型国有企业 TCL 集团常务董事、副总裁、TCL 信息产业集团公司总裁,被称为"打工女皇"。

智慧心语

富士康总裁郭台铭说:"当你感到有压力的时候,说明你的能力不够。"作为一个职场新人,不要用理想化的东西去要求企业,要做的就是尽快适应新环境,快速融入企业中,努力练就正确心态,培养承受压力的能力,在平凡枯燥的工作中寻找乐趣,不断提升自我,这样才能造就职业辉煌。

群体引导

用心想想:吴女士是如何成功的?

个别活动

1. 看看影碟:看看美国电影《阿甘正传》。
2. 谈谈说说:分小组商议,如何面对人生职场的美丽与哀愁?
3. 动笔写写:如何做个快乐的职场人?

15. 专注力——成功的关键

讲述故事

李允从某职校的计算机专业毕业后,在一家公司办公室做文员。平时,他习惯一上班就打开电脑上QQ、听网络音乐、看看公司微博,遇到同事和朋友在QQ上聊天,他也喜欢插上一嘴,如此一来,让本来工作就很繁杂的李允每天都忙得不亦乐乎,事情经常做不完,加班成了家常便饭,弄得人也很疲惫。

为了改变这种状况,他向同在一个办公室的李姐请教。李姐笑眯眯地看着他,只说了一句话:"明天上班你试试不开QQ、不听音乐。"果然,第二天,李允的工作效率惊人,下午上班没多久就已经把一天的工作完成了,这一天是他第一次按时下班。

李允恍然大悟:原来上班事情做不完,主要是自己分心太多。

智慧心语

专注力,也称"精神集中力",就是我们平时常说的注意力。它是指注意力集中的程度,它源自人们对于目标物的关注程度,是我们每个人成功的关键。在现今这样一个通信发达的e时代,不少上班族习惯同时做好几件事:做着自己的事,同时开着QQ或MSN与人聊天,手机上不时传来短信,电话铃声又在响起……这些都会降低工作效率。

某知名招聘网站针对8000多名职场人的调查显示,69.5%的人在工作时会不时地停下手头的工作,自行分散注意力,32.0%的人则表示自己的注意力一旦被打断,就得花好一阵子时间才能重新集中起来。

群体引导

1.用心想想:在平时的学习、生活中,自己做哪些事比较专注,做那些事情不够专注?为什么?

2.谈谈说说:有哪些方法可以提高人的专注力?

个别活动

动笔写写:写出自己提高专注力的举措。

专注力提高三法

1.杂耍法。试试练习转笔、抛球、传球等小游戏,练到熟练自如的程度。这是训练专注力的好方法。

2.排除环境干扰法。排除干扰,努力创造利于集中注意力的环境:室温在20℃~25.6℃,不听音乐,不去听别人的谈话,关上门,把容易使人分心的物品移开。

3.呼吸法。做事前先深呼吸,让人意识到将进入专注力状态,大脑即会发出信息,身体的每个部分都会主动地配合。每经过30~40分钟最好休息一次。如果发现走神,也可用此法重新集中注意力。

16. 目标性——成功的灯塔

讲述故事

一只小狗在妈妈的呵护下渐渐长大了,他想:我已经是一个顶天立地的男子汉了,应该分担家庭的重担,于是他满怀信心地去找工作。他发了将近100份简历给各个公司,基本上都石沉大海,杳无音信。中间也有雇主电话面试,可每次都不了了之。与此同时,跟小狗一块求职、毕业于航空航天学院的蜜蜂进航空公司当了空姐,蜘蛛在IT行业负责网络设计,百灵鸟音乐学院毕业后到艺术团体当了歌星,毕业于警官学校的猫到公司当了保安。

看到身边的好朋友们一个一个都找到了工作,他失望极了,心想:我真没用,和他们不一样,我没有接受过高等教育,我只有职业中专的学历,所以没有一家公司肯要我。小狗沮丧地回到家跟妈妈说了自己的苦恼。

妈妈说:"马、绵羊、母牛和母鸡他们也没有高学历,但是他们都在自己的岗位上做出了很大的贡献呢!"

小狗面红耳赤地跟妈妈辩解道:"马能拉车,绵羊的毛可以做服装,母牛可以产奶,母鸡会下蛋。可是我什么能力都没有。"

妈妈语重心长地说:"孩子,你的确不是一匹拉着车飞奔的马,也不是一只会下蛋的鸡。可是,我的孩子,你决不是废物,虽然你没有受过高等教育,但是,你有的是本领。你可以给人们看门、牧羊,可以为盲人引路,解决人们孤独、寂寞等问题,还能帮助人们去办许多复杂的事情。比如你嗅觉灵敏,勇而有谋,因而具有追踪、防御、助猎、善战等能力。你可以狩猎,可以当'检验员',可以通过表演给大家带来快乐……最可贵的是你具有忠诚的品质。孩子,无论经历多少磨难,都要珍惜你那颗金子般的心,让它发出光来。现在,你要做好求职前的准备工作,走好求职的第一步。首先是在求职前要认识自己——自己喜欢什么、适合什么、今后想要过什么样的生活,然后据此确定自己的求职方向,并坚持到底。孩子,记住妈妈的话,相信你会求职成功的。"

"谢谢妈妈,我知道该怎样去求职了,"小狗高兴地笑了,"听了妈妈的分析,我找到了工作的目标,要有目的地去投简历,而不是漫天撒网。看着吧,妈妈,我会成功的。"

不久,小狗找到了自己喜爱并擅长的工作——做了一个盲人的导盲犬。

智慧心语

在职场上,职业目标是重要的灯塔与标尺,是成功的第一要素,它能让你在前进的时候有一个动力,能让你的自身价值得到提高。职业生涯如果缺乏一个终极规划和目标,人们就无法找到努力的方向。同学们现在所要做的,就是确定一个合适的目标,然后努力去完成它。

群体引导

1. 用心想想:你自己做过哪些因为目标明确而做成功的事情?
2. 唱唱歌曲:

光芒

填词:F.I.R　演唱:F.I.R

在久旱未雨的地方

被谎言围绕着的村庄

(泪水被蒸发)

经历一个世纪的迷惘

(希望被风化)

梦想难道都是奢望

I just want
找一个方向
找一种力量
让等待的大雨会落下
展开了翅膀
将悲伤都释放
挣开那捆绑

有一个方向
有一种力量
就朝着梦里风景出发
在大雨之后的第一道彩虹
耀眼的光芒
刺穿已枯萎的幻想
用生命呐喊巨大声响
（充满了希望）
纵然冷漠是一道灰墙
（谁又该沮丧）
因为你而感动而坚强

个别活动

1. 谈谈说说：结合自己或身边的实例，分小组讨论设定职场目标需要注意的问题。

2. 动笔写写：写出你的人生目标并分解成长期目标、中期目标、短期目标。

征稿启事

中等职业学校"职业指导"丛书共6册,每学期1册,首版每册暂设16个主题。

丛书主题的设计采用开放式,各校或任课老师可根据教学实际把自己学校富有特色的职业指导案例补充进来,出版社每年将选取有推广价值的案例结集出版。

来稿请发至下列电子邮箱中:xinjiaocaitougao@sina.com。

来稿一经采用,作者将享有署名权和获得报酬权。

旅游教育出版社

中等职业学校职业指导丛书
中等职业学校德育必修课《职业生涯规划》延伸读本

Common Courses
公共课

栽培大树 收获硕果
职业指导提高手册
（供一年级第二学期用）

主　编：陈怡君　闭春桂
　　　　龚金玉　许丽琳
副主编：唐　琳　张丽莎
　　　　王　洁　苏俊华
　　　　陈　宇

北京·旅游教育出版社

责任编辑:景晓莉

图书在版编目(CIP)数据

栽培大树　收获硕果:职业指导提高手册/陈怡君
主编. —北京:旅游教育出版社,2013.1
　(中等职业学校职业指导丛书)
　ISBN 978-7-5637-2508-3

　Ⅰ.①栽…　Ⅱ.①陈…　Ⅲ.①职业选择—中等专业学校—教学参考资料　Ⅳ.①G717.38

中国版本图书馆 CIP 数据核字(2012)第 264743 号

中等职业学校职业指导丛书
中等职业学校德育必修课《职业生涯规划》延伸读本

栽培大树　收获硕果
职业指导提高手册
　　　主编　陈怡君

出版单位	旅游教育出版社
地　　址	北京市朝阳区定福庄南里1号
邮　　编	100024
发行电话	(010)65778403 65728372 65767462(传真)
本社网址	www.tepcb.com
E-mail	tepfx@163.com
印刷单位	北京科普瑞印刷有限责任公司
经销单位	新华书店
开　　本	787mm×960mm　1/16
印　　张	3.75
字　　数	44 千字
版　　次	2013 年 1 月第 1 版
印　　次	2013 年 1 月第 1 次印刷
定　　价	48.00 元(全6册)

(图书如有装订差错请与发行部联系)

序

　　职业生涯规划是中职生的德育必修课,是职业指导教育的重要内容,是教育部《中等职业学校德育课职业生涯规划教学大纲》规定的国家规划教材的重要教学内容。

　　陈怡君是职业教育战线上的一位老同志,也是一位勤勉知名的中等职业学校校长。她在从事学校教育工作中,关注学生职业生涯规划,不断学习、不断探索、不断实践,主编了这套《栽培大树　收获硕果》中等职业学校职业指导丛书。读之,颇受启发。

　　该丛书内容实,注重学生职业生涯规划的实效性和长效性。教材编写遵循贴近实际、贴近生活、贴近学生的原则,根据学生特点和用人单位对人才的要求,选取了16个基本的学生素养主题,分别从职业信念、职业选择、职场礼仪、职场规则和职场成功五个方面给学生"讲述故事",用"智慧心语"引导学生。所讲故事都是根据真实的生活而创编,鲜活而通俗易懂,如"夹心饼干"、"没有笨老板"、"不能说的秘密"、"莫做小人"等,内容真实,感染力强,有利于引导学生正确地看待社会和个人,有利于学生自强不息,引导他们在心理归属上尽早融入社会。

　　该丛书适用性强,教学方式方法灵活多样。就使用对象而言,班主任、科任教师、年级组长、德育主任、教研室主任、专业部长等都可使用,覆盖人群广泛;就使用时间而言,长可一节课,短则课前5分钟即可讲完,使用单位可根据教学目的和教学需要,灵活掌控,时间可长可短,非常便利;就教学组织的方式方法而言,既有面向群体的引导,也有个别活动环节,能够充分调动学生的多种感官,让他们在活动中听故事、想问题、说想法、看影碟、唱歌曲、写体会、练本领……

　　该丛书视角新,对顶岗实习期间的学生如何做好职业生涯规划进行了

有益指导。实行校企合作、工学结合、顶岗实习,是职业教育改革发展中带有方向性的问题,而当前论述顶岗实习过程中职业生涯规划的书很少,对中职学生毕业后走向社会的职业过渡关注不够。陈怡君同志作为中职学校的管理者和实践者,关注到顶岗实习过程中的一些问题,提出了指导学生做好职业生涯规划的个人见解,对从事职业生涯规划工作的同志有一定的借鉴意义,为缺乏实践经验的年轻教师指导中职生进行职业生涯规划提供了有益参考。

该丛书立意高,注重体现职业教育的人才强国战略精神。职业教育是国家经济社会发展的重要基础和教育战略重点,承担着培养数以亿计的高素质劳动者和技能型人才的重要任务,中职毕业生在我国社会主义现代化建设中更是发挥着不可替代的重要作用。该丛书关注到了对这类人群的培养培训和职业生涯规划,定位科学合理,正如书名"栽培大树 收获硕果"所展示,其立意是深远的。

我曾经考察过陈怡君同志所在的学校,对学校和她本人都有所了解。现受其嘱托,写了以上的话。

是为序。

国务院参事:黄尧[①]
二〇一二年七月二十日

[①] 编者注:黄尧,职业技术教育中心研究所所长,曾任国家副总督学、教育部职业教育与成人教育司司长,高级经济师,长期从事职业教育与成人教育政策研究和实践。

前　言

自教育部《职业生涯规划教学大纲》(教职成[2008]7号)颁布以来,各职业学校的职业指导教育工作得到了具体推进,36课时的教学计划在第一个学期实施很好。如何在巩固第一学期职业指导教学成果的基础上,保证职业生涯规划教学工作的实效性和长效性,是时下职业教育工作者需要认真思考的课题。

我们根据社会需求和用工现状,经过探索和实践,为职校生量身定做了这套《栽培大树　收获硕果》职业指导丛书。编写这套丛书的出发点和落脚点,是要长期有效地培养学生的职业意识和职业道德,在潜移默化中帮助职校生规范和调整自己的行为,引导其正确看待社会和个人,把自己放在合适的位置上,使职校生提前在心理归属上融入社会、在价值取向上认同企业、在行为特征上接近企业,为顺利就业、创业奠定基础。

该"职业指导丛书"共6本,每学期1本,每本暂设16个主题。丛书可与国家规划教材同时使用,使用中以国家规划教材为主、以丛书为辅。学校可安排各相关部门利用一切机会和闲散时间,点点滴滴把对学生们的职业指导渗透到每个学期中。班主任可利用晨训时间、读报时间、班会课时间以及课余时间使用本套教材;德育课教师和科任教师可在课前5分钟使用本套教材;年级组长、专业部主任以及团委、学生处等相关部门可用书中材料开展团体性活动,如礼仪比赛、主题辩论赛、成才报告会等。具体使用时,可通过先讲故事后提问的方式,也可根据主题发问,还可利用学生身边发生的正反两面的实例导出话题,引导学生去思考、去观察,从而激发起学生的学习兴趣和热情。

丛书主题的设计采用开放式,各校可根据教学实际把自己学校富有特色的职业指导案例补充进来,出版社每年将选取有推广价值的案例结集

出版。

该"职业指导丛书"的1~4本供一、二年级使用,5~6本供三年级使用。第5本为学生顶岗实习指导用书,第6本为顶岗实习指导教师用书,教师用书中附有各类表格,各校老师可根据需要复印。

1~4本用书中安排了"个别活动"模块,设计了"看看影碟""唱唱歌曲"等教学环节。为方便使用,我们将这些环节涉及的影片、歌曲全部分类收录在了一起,有需要的学校或老师可免费索取。索取联系QQ号为:"1549244993 旅游教育社"。

本套"职业指导"丛书有以下特点:

1. 注重实用。前四册书分别从职业信念、职业选择、职场礼仪和职场成功四个方面入手,根据学生特点和用人单位对人才的要求,遵循贴近实际、贴近生活、贴近学生的原则,选取了16个基本的做人素养主题,通过"讲述故事"的形式呈现给学生,然后用"智慧心语"予以引导。故事都是根据真实的生活而创编,鲜活而通俗易懂,如"夹心饼干"、"没有笨老板"、"不能说的秘密"、"莫做小人"等故事的创编旨在启发学生思考职场生存发展的大智慧。

2. 注重实效。为了避免职业指导教育出现"虚效"和"无效"的窘况,本套丛书根据学生身心特点,对学生的体验教育、养成教育予以了特别关注。1~4本书借助于讲述故事这种学生喜闻乐见的方式呈现每个主题,下设群体引导、个别活动环节,运用疏导、参与、讨论、练习等方法调动学生的多种感官,让他们在活动中听故事、想问题、说想法、看影碟、唱歌曲、写体会、练本领,以增强活动的吸引力和感染力,提高职业指导活动的实效性。

3. 注重发展。本丛书在各主题内容的编排上均以学生的发展为中心,注意与学生认知水平相匹配、与学生生活体验相适应、与学生关注点相一致,引导学生正确面对他们成长过程中的彷徨与困惑,如第3本书里的"不能说真话时请保持沉默"、第1本书里的"做到与得到"……无不向学生传递着面对困惑如何正确行事的信息。丛书还通过故事情节的设计注入时代发展的特性,如第1本书里的"功劳与苦劳"故事主人公——会计老王忍痛丢下算盘学习电脑做账,道出了时代与行业的发展要求个人也要与时俱进的

道理。

4. 注重实习。顶岗实习是中职学校教学的重要环节,是学生走向社会的过渡期,实习成效的好坏,对学生、对学校都至关重要。第5本、第6本书根据学生在企业顶岗实习中出现的常见问题与对策而编写,一本是给学生看的,一本是实习指导教师用的,这是我们反复思考、反复实践的结晶,特整理出来与同人们共享。第6本书附录中有三款表格,蹲守在实习点的教师可用月表;在学校周边管理实习的教师可用旬表;至于通信联络表,两类教师都可使用。

该"职业指导"丛书共6本,第1本由陈怡君、刘涛、许丽琳担任主编,由王洁、苏俊华、唐琳、张丽莎、龚金玉、陈宇担任副主编;第2本由陈怡君、闭春桂、龚金玉、许丽琳担任主编,唐琳、张丽莎、王洁、苏俊华、陈宇担任副主编;第3本由陈怡君、龚金玉、陈宇担任主编,苏俊华、王洁、唐琳、张丽莎、许丽琳担任副主编;第4本由陈怡君、陈宇、赵涛担任主编,张丽莎、唐琳、王洁、苏俊华、龚金玉担任副主编;第5本、第6本由陈怡君、谭小芹著,余俊、韩勇、陈莹、闭春桂、尹晶参与了部分编写工作。

本丛书是一线德育工作者辛勤耕耘的作品,老师们爱教爱生之心很热,爱教爱生之情很真,我们把这真心实意融入每本书的编写中,希望用它起到抛砖引玉的作用,引起广大职教同人对职业生涯教育实效性和长效性的关注。

在丛书的编写过程中,我们从互联网上选取了一些素材,因作者不详,无法一一列出,在此一并表示最诚挚的谢意。

受作者水平所限,书中一定有不少错漏,敬请专家同人指正。

作者

目 录
CONTENTS

一、职业信念

1. 践行——成就美好人生 ………………………………………… 2
2. 坚持——成功的法宝 …………………………………………… 4
3. 理想——人生的太阳 …………………………………………… 6
4. 感恩——人生的美德 …………………………………………… 9

二、职业选择

5. 气质与职业 ……………………………………………………… 14
6. 职业气质倾向测试 ……………………………………………… 17

三、职场礼仪

7. 交往礼仪——善言谈添我魅力 ………………………………… 22
8. 联络礼仪——常来常往维持良好人际关系 …………………… 24

四、职场规则

9. 日子难混 …………………………………………… 28
10. 善于表现——做与说相结合 …………………… 30
11. 绝对不要说谎话 …………………………………… 32
12. "夹心饼干" ………………………………………… 34
13. 不能说真话时请沉默 ……………………………… 37

五、职场成功

14. 抗压力——心理健康的安全阀 ………………… 40
15. 主动性——成功的第一阶梯 …………………… 44
16. 协作力——人生发力点 ………………………… 47
    征稿启事 ……………………………………………… 50

一、职业信念

1. 践行——成就美好人生

讲述故事

刚开始，老师让他们拆汽车部件，很多同学不敢，老师说，不下水，永远也学不会游泳，不敢亲自动手拆汽车，就学不会修车。老师带着他们，一头钻进汽车里，熟悉汽车构造，寻找故障原因，排除故障，机械、油路、电路，他们一个个地排查，发动机、变速器，他们一个个摸索。在干中学，在学中干，边干边学，成为他们的教学方法。

这个班分成了几个小组，大家分工合作，各自承担一个任务，学会了一门技能，完成了一项任务，再互换一个任务，大家互教互学。遇到问题，大家共同分析、商量，向老师请教。班上有几个同学，钻研精神很强，每天都在实训室里干到很晚，他们成为班上的骨干。这几位骨干同学带动了其他同学也一道埋头苦干。经常为了解决一个发动机里的问题，他们连双休日都放弃了，在实训室里连续干上好几天，终于找到了故障的症结所在，把故障给排除了。

这个班的同学们，在动手中掌握了技能，学会了合作，懂得了尊师，养成了守纪的好习惯，同时，他们也找到了快乐。强调动手，注重行动，这个班成为学校的先进班集体。

在校学习期间，这个班的学生很多在中职生专业技能竞赛中获得大奖，不少知名企业纷纷前来与获奖的学生签约，希望这些学生将来能到他们的企业工作，待遇也非常高。

3年后，这个班的同学有的进入4S店工作，有的进入汽车销售行业工作，他们都因为有着过硬的动手技术和良好的做人素质而成为业务骨干，受到重用和提拔。

智慧心语

我们中职学生,学习的专业都是技能型的,它一般不需要高深的理论知识,却需要很强的动手实践能力。专业技能的学习和掌握要通过仔细观察,用心体会,并反复不断地操作练习才能掌握;每个人都要经历由生手到熟手再到能手的成长过程。

群体引导

用心想想:在学习专业技能时,你用心吗、刻苦吗?

个别活动

1. 谈谈说说:你在专业学习上有哪些不足之处?
2. 动笔练练:刻苦练习某一专业技能,体验"践行"的快乐。

2. 坚持——成功的法宝

讲述故事

在2010年感动中国十大人物中，有一位很平凡、很普通却又很伟大的人物，他就是郭明义。他没有做什么惊天动地的大事业，也没有什么重大发明创造，他做的是很多人都做过的事，如无偿献血、资助贫困儿童读书……他能感动中国，是因为他的坚持！

郭明义总是提前2小时上班，一上就是15年！等于多上了5年的班。

他参加无偿献血，献了20年，多达55次。6万多毫升的血，是他自己全部血液的10多倍，他献出的鲜血，挽救了数十人的生命。

他为贫困工友捐款，为因贫困而面临失学的学生捐款，为受灾的群众捐款，16年没停过，共捐了12万元，仅资助学业的贫困生就达180多名，可他自己的家，却还是只有不到40平方米的小屋。他的一件棉衣，一穿就是10年。

在工作上，他也是一把好手，年年都被评为先进工作者，荣获各种光荣称号。

在学习上，他也是顽强刻苦，他获得了成人本科学历，发表了数百篇文章和宣传稿件，他甚至还担任了单位的英语翻译……

智慧心语

坚持是一种建立在正确信念之上的美德，勇于坚持的人，可以使一件件小事积累成丰功伟业。坚持不懈是通向成功的最有效的途径。特别是当我们明知自己所做的事情是正确的，但是在实行的过程中遇到了困难和挫折的时候，能不能坚持下去就成为考验我们的关键。坚持，坚持，再坚持，最后的成功,必定属于我们!

群体引导

用心想想:请说说自己坚持不懈终于取得成功的事例,或者列举放弃坚持而功亏一篑的事例。

个别活动

1. 看看想想:观看电影《雷锋》的影碟。
2. 谈谈说说:是不是做什么事情都一定要坚持下去?
3. 动笔写写:为自己设计一个在某方面坚持下去的活动,如锻炼身体、学习专业技能、遵守纪律、帮助班集体做好事,等等。

3. 理想——人生的太阳

讲述故事

晓薇很小的时候,她的父母带着她从湖南农村来到城市,在一个菜市场旁边安了家,母亲买了一架旧缝纫机,为人缝缝补补,父亲则卖一些小菜,一家人过着普普通通的日子。

晓薇从小就要帮父母干活,帮母亲钉扣子、缝扣眼,和父亲一道,把父亲从很远的批发市场买回来的菜分拣、洗净,再拿去卖,日子过得紧巴巴的。按现在的说法,她们一家,就是典型的"草根"家庭。

十多年以后,她们家开了一家服装厂,有了自己的一千多平方米的厂房和设备。经济发展了,生活也改善了,但是,她自己却从初中毕业上了职高学习后,再也没有向家里要一分钱。靠自己业余时间和假期到外面打工挣钱,她当过餐馆服务员,当过超市服务员,当过手机专卖店促销员……为自己挣来学习生活的全部费用。父母亲多次给她钱,她却从未接受。

她在学校学的是酒店服务与管理专业,高三实习期间,和她一道参加实习的同学,起初都觉得工作强度大,要求高,纪律严,受不了。可是她却干得很开心,很快受到酒店领导的器重,留下来工作,并被提升为领班。

她说,从小在家里受过的苦,对她是一种很好的教育,使她养成了勤劳节俭的好习惯,到中职学校学习后,她在老师的引导下,逐渐树立起了自己的理想,通过勤奋努力,不靠天不靠地,要用自己的双手在酒店业干出一番事业!

她说,我也不知道我这样的想法算不算是理想,但我就是这样,天天想着,天天念着,再苦再累我也告诉自己,一定要按照自己的想法走下去,慢慢地,走过了这么多年,我也习惯了,不觉得是苦了。靠自己的双手为社会做贡献,为自己创造幸福生活,我觉得很愉快、很满足。我的理想还没实现,但我觉得我离我的理想越来越近了。

智慧心语

理想这个话题,常谈常新,永不过时。人们说,理想是照耀心灵的灯塔,是指引人前进路上的航标。理想,说简单一些,就是奋斗目标。晓薇的理想,就是吃苦耐劳,再苦再累也不怕,所以她感觉很幸福、很愉快。正确的理想,能够使人生过得充实而有意义,能够使人具有战胜困难和挫折的勇气,能够使人生充满蓬勃的朝气,能够使人对生活充满自信。

群体引导

1. 用心想想:你和晓薇比,最大的区别在哪里?
2. 唱唱歌曲:

一千零一个愿望

填词:徐世珍

明天就像是盒子里的巧克力糖
什么滋味
充满想象
失望是偶尔拨不通的电话号码
多试几次
总会回答
心里有好多的梦想
未来正要开始闪闪发亮
就算天再高那又怎样
踮起脚尖
就更靠近阳光
许下我第一千零一个愿望
有一天幸福总会听我的话

一、职业信念

不怕要多少时间多少代价
青春是我的筹码
哦……
我只有这一千零一个愿望
有一天幸福总会在我手上
每一颗心都有一双翅膀
要勇往直前的飞翔
没有到不了的地方
啦…啦…啦…

个别活动

1. 看看影碟：看看美国影片《农民宇航员》。

2. 谈谈说说：建议阅读一本书《那些有理想的人——为什么伟大的目标能让我们做得更好?》([美]史班斯著,申志兵译)。看后谈一谈自己的想法。

3. 动笔写写：写下自己的理想并常看看。

4. 感恩——人生的美德

讲述故事

　　弟子规 圣人训 首孝悌 次谨信
　　泛爱众 而亲仁 有余力 则学文
　　父母呼 应勿缓 父母命 行勿懒
　　父母教 须敬听 父母责 须顺承
　　冬则温 夏则清 晨则省 昏则定……
　　这篇《弟子规》，袁方早已背得滚瓜烂熟了。每次背它，他的心中就会掀开这样一幅幅画面：
　　小时候，爸爸每天都送他到幼儿园，可是，因为爸爸妈妈工作忙，每天下午放学时总是很晚才来接，时间长了，幼儿园的阿姨很有意见，总对他发火，为此，爸爸妈妈不得不为他转了三个幼儿园。
　　上小学时，他大病了一场，连续几天发高烧，爸爸和妈妈始终守候在他的身边，喂药喂水，直到他完全康复。
　　他小时候感到最高兴的，就是爸爸和妈妈领着他，一家人高高兴兴地逛街、逛公园，虽然这样的机会很少，但只要能这样玩上一回，就是他最大的快乐。
　　每当他有了一点进步，把幼儿园老师给的一朵小红花，或是小学老师发的一张奖状拿回家，爸爸妈妈都会高兴得不得了，妈妈更是搂着他亲了又亲。
　　慢慢地，他长大了，开始有了逆反心理。自己有了不对的地方，爸爸妈妈说他，他总是嫌他们太啰唆。学习也放松了，有时还有违纪现象，家长说他，他仍然听不进，总认为学不学习是自己的事，自己这么大了，用不着爸爸妈妈管了。

进入职业高中后,老师给他们讲《弟子规》,并且要求他们把它背熟。老师一句一句地讲解,还把古时候的"孝子图"里的故事讲给他们听,听着听着,袁方入了迷。《弟子规》让他想起了童年在父母的关心照料下幸福成长的往事,想起了自己逐渐长大后有了逆反心理,做了一些对不起父母关爱的傻事。他感到了惭愧,决心用自己的实际行动来感恩父母。

此后,无论是学习还是工作,他都时刻想着,我要做出个样子,报答父母的养育之恩,报答老师的教育之恩。

最终他以优异的成绩、出色的表现被选进了奥运服务班,到北京为奥运会服务,圆满完成了任务,为学校争了光,为父母争了光。奥运会结束后,他又被选到北京人民大会堂担任服务工作。他把第一个月的工资寄给了父母。

回家休假时,他被母校请回去给学弟学妹们作报告,他说,改变他命运的,就是在老师的帮助下,自己学会了感恩!

智慧心语

感恩,首先是要感父母养育之恩,就是要做到"孝","百善孝为先"就是这个意思。它也是中华民族的优良传统美德。感恩,也要感谢帮助教育过自己的老师,帮助过自己的朋友、同学。在自己困难的时候,同学、朋友帮助过自己,要记得他们,如果有机会,也应该报答他们,或者帮助其他需要帮助的人,帮助社会,这些都是感恩的延伸。"受人滴水之恩,当涌泉相报"。学会做人,首先要学会感恩。

群体引导

1.用心想想:在你的生活中,有哪些人曾经帮助过你?你从心底里感谢过他们吗?

2. 唱唱歌曲：

感恩的心

填词：陈乐融

我来自偶然像一颗尘土

有谁看出我的脆弱

我来自何方我情归何处

谁在下一刻呼唤我

天地虽宽这条路却难走

我看遍这人间坎坷辛苦

我还有多少爱我还有多少泪

要苍天知道我不认输

感恩的心感谢有你

伴我一生让我有勇气做我自己

感恩的心感谢命运

花开花落我一样会珍惜

感恩的心感谢有你

伴我一生让我有勇气做我自己

感恩的心感谢命运

花开花落我一样会珍惜

个别活动

1. 看看影碟：看看电影《父亲》。
2. 谈谈说说：搜集并讲一讲感恩故事。
3. 动笔写写：给父母亲写一封信，汇报自己在学校的学习情况，并向他们表达自己的感恩之情，然后到邮局把这封信寄出去。

二、职业选择

5. 气质与职业

讲述故事

迈克尔·乔丹是世界上最伟大的篮球明星，被称为"空中飞人"。他在篮球职业生涯中创造了奇迹般不可枚举的纪录，是公认的全世界最棒的篮球运动员，也是NBA历史上第一位拥有"世纪运动员"称号的巨星。他将NBA推广至全球每个角落，他为联盟带来的收入至少在100亿以上。全世界的篮球迷，几乎无人不知飞人乔丹的大名。

可是在高中的时候，迈克尔·乔丹曾经是篮球队的落选者。他跑去问为什么没被录取，教练说："第一，你的身高不够；第二，你的技术太嫩了，你以后不可能进大学打篮球。"他对教练说："你让我在这个球队练球，我可以不参加比赛，但是我愿意帮所有的球员拎球袋，帮他们擦汗。我不需要上场，我只求跟球队练球，能有跟他们切磋球技的机会。"教练看到这个孩子这么热爱篮球，又这么渴望成功，就答应了他的要求。比赛一完，乔丹真的就为别的球员擦汗。全世界最伟大的篮球明星就是这样从跑龙套开始的。

迈克尔·乔丹不止跟球队一起练球，球队练完球以后他还一个人练球，以至于累得睡在球场里面。最后，迈克尔·乔丹的身高长到了198公分。要知道，迈克尔·乔丹他们全家没有一人超过180公分，是乔丹想要成功的进取心让他长到了198公分。

智慧心语

气质是人的个性中最稳定的因素，在选择职业时，一定要注意自己的气质类型。尽管气质没有好坏之分，但气质却能影响一个人的工作效率。特别是在一些需要经受高度身心紧张的职业中,气质不仅关系到工作的效率,还关系到事业的成败。

群体引导

用心想想:查查自己的气质特点,想想自己适合从事什么职业。

个别活动

1. 谈谈说说:与家人或好朋友说说自己的职业兴趣。
2. 读读资料:

气质与职业匹配

(1)胆汁质

胆汁质的人情绪易激动,反应迅速,行动敏捷,暴躁而有力;在语言上、表情上、姿态上都有一种强烈而迅速的情感表现;在克服困难上有不可遏止和坚忍不拔的劲头,而不善于考虑是否能做到;性急,易爆发而不能自制。这种人的工作特点带有明显的周期性,埋头于事业,也准备去克服通向目标的重重困难和障碍。但是当精力耗尽时,易失去信心。

适合职业:外交工作、驾驶员、服装纺织业、餐饮服务业、医生、律师、运动员、冒险家、新闻记者、演员、军人、公安干警等。

(2)多血质

多血质的人敏捷好动,善于交际,在新的环境里不感到拘束。在工作学习上精力充沛而效率高,表现出机敏的工作能力,善于适应环境变化。在集体中精神愉快,朝气蓬勃,能迅速地把握新事物,在有充分自制能力和纪律性的情况下,会表现出巨大的积极性。兴趣广泛,但情感易变,如果事业上不顺利,热情可能消失。从事多样化的工作往往成绩卓越。

合适的职业:导游、推销员、节目主持人、演讲者、管理者、律师、外事接待人员、演员、市场调查员、监督员等。

（3）黏液质

黏液质的人属于安静型，在生活中是一个坚持而稳健的辛勤工作者，能严格恪守既定的生活秩序和工作制度，不为无所谓的动因而分心。黏液质的人态度持重，交际适度，不作空泛的清谈，情感上不易激动，不易发脾气，也不易流露情感，能自治，也不常常显露自己的才能。这种人长时间坚持不懈，有条不紊地从事自己的工作。其不足是有些事情不够灵活，不善于转移自己的注意力。惰性使他因循守旧，表现出固定性有余而灵活性不足的特点。

适合职业： 外科医生、法官、管理人员、出纳员、会计、播音员、话务员、调解员、教师、人力人事管理主管等。

（4）抑郁质

抑郁质的人有较强的感受能力，易动感情，情绪体验的方式较少，但是体验得持久而有力，能观察到别人不容易察觉到的细节，对外部环境变化敏感，内心体验深刻，外表行为非常迟缓、忸怩、怯弱、怀疑、孤僻、优柔寡断，容易恐惧。

适合职业： 校对、打字、排版、检察员、雕刻工作、刺绣工作、保管员、机要秘书、艺术工作者、哲学家、科学家。

二、职业选择

6. 职业气质倾向测试

讲述故事

两个同龄的年轻人同时受雇于一家零售店铺,并且拿同样的薪水。可是做了一段时间后,名叫约翰的小伙子青云直上,而那个名叫汤姆的却仍在原地踏步。汤姆很不满意,终于有一天,汤姆忍不住跑到老板那里发牢骚。老板一边耐心地听着他的抱怨,一边在心里盘算着怎样向他解释他和约翰之间的差别。

"汤姆,你到集市上去一下,看看今天早上都有什么货。"老板安排道。汤姆回来向老板汇报说:"集市上只有一个农民拉了一车土豆在卖。""有多少?"老板问,汤姆赶快又跑到集市上,然后回来告诉老板:"一共40袋土豆。""价格是多少?"老板又问,汤姆再次跑到集市上问了价格。

这时,老板让汤姆坐到椅子上,叫来约翰去做同样的事情。约翰很快从集市上回来了,他汇报说:"到现在为止,只有一个农民在卖土豆,一共40袋,价格是每斤0.75元,质量还不错。"他还带回来一个土豆让老板看。约翰又告诉老板说,昨天那个农民铺子里的西红柿卖得很快,库存已经不多了,他想老板可能要购进一些,所以不仅多带回了一个西红柿样品,还把那个农民也带来了。

此时,老板转向了汤姆说:"现在你肯定知道了约翰的工资为什么比你高了吧?"

智慧心语

同样做一件事情,不同的人其做事的效果会截然不同。形成这种差距最根本的原因在于态度。只有积极主动、满怀激情工作,把工作当成自己的事业,才能把工作做得更好。正是有这样的态度,对自己的要求适当地高于老板的要求,就能够做不平庸的事,收获漂亮的结果,这样就能获得领导的青睐,取得职场的成功。

群体引导

1. 唱唱歌曲:

最初的梦想
填词:姚若龙　演唱:范玮琪

如果骄傲没被现实大海冷冷拍下
又怎会懂得要多努力　才走得到远方
如果梦想不曾坠落悬崖　千钧一发
又怎会晓得执著的人　有隐形翅膀
把眼泪装在心上　会开出勇敢的花
可以在疲惫的时光　闭上眼睛闻到一种芬芳
就像好好睡了一夜直到天亮
又能边走着边哼着歌　用轻快的步伐

沮丧时总会明显感到孤独的重量
多渴望懂得的人给些温暖借个肩膀
很高兴一路上我们的默契那么长
穿过风　又绕个弯　心还连着　像往常一样

最初的梦想　紧握在手上
最想要去的地方　怎么能在半路就返航
最初的梦想　绝对会到达
实现了真的渴望　才能够算到过了天堂

2. 用心想想:如果你是汤姆,你认为约翰比你强在哪里?

个别活动

1. 看看影碟：看看美国电影《发达之路》。
2. 谈谈说说：结合身边事，说说如何在职场取得成功。
3. 动笔写写：仔细读读下面《多一盎司定律》，写一写你的体会。

多一盎司定律

美国著名投资专家约翰·坦普尔顿通过大量观察研究，得出一条很重要的原理：取得突出成就的人与取得一般成绩的人几乎做了同样多的工作，所做出的努力差别也很小——只是"多一盎司"，但其结果，所取得的成就及成就的实质内容方面，却经常有天壤之别。（盎司，英美制重量单位，约相当于 28 克。）

我们在工作中已经做了 99% 的努力，再加一盎司的努力又有何困难呢？然而，我们往往缺少的正是"多加一盎司"所需的那一点点责任心、一点点决心、一点点敬业态度和自动自发的精神！

二、职业选择

三、职场礼仪

7. 交往礼仪——善言谈添我魅力

讲述故事

蒋舒怀人长得漂亮,多才多艺,是班干部,又读过很多书,公认为是班上的小才女,可就是爱开玩笑。

班上女同学小玲长得很胖,整天喊减肥可总减不下来,"喝水都长肉呀!"她苦恼得要命。出于同情,大家当她面都避开说"肥、胖"的字眼。蒋舒怀却给人家取了个外号叫"伦敦",逢人就解释自己的创意:伦者,轮也、圆也;敦者,矮粗墩也。大家觉得蒋舒怀取的绰号是挺形象的,但从不当面喊"伦敦"。小玲听到这个外号时很伤心:"这不是戳我的伤心处吗?太不厚道了。"小玲再也不理蒋舒怀了。

诸如此类的玩笑,蒋舒怀没少和班上同学开。在期末投票选举优秀学生干部时,她的票数很低,得不到大家的支持。蒋舒怀很苦恼,找老师诉说心中的委屈。

老师说:"你头脑灵活,读书多,有能力,但是,爱开玩笑是你的毛病。你和同学们开玩笑时,想过别人的感受吗?这个玩笑有利于团结吗?容易引起误会吗?想过之后再决定开不开这样的玩笑,说不说这样的话,这样和同学们的关系就会融洽了。"

蒋舒怀连连点头:"谢谢老师,我一定改正缺点,发挥自己的特长为同学们服务。"一年后,蒋舒怀获得了市级演讲比赛一等奖,以高票数当选了全校学生会副主席,成了全市的优秀班干部。

智慧心语

言谈是人们运用语言表达思想、沟通信息、交流感情的重要方式,包括说话的内容、语气声态及伴随说话时的表情、动作等，它反映一个人的思想水平、知识修养、道德品质，也是礼仪形象的重要体现，因此有"言为心声"之说。当我们一次次遭遇人生的挫折与失败时，与其抱怨我们的学历不够高、关系不够广，或与同学、同事、上司的关系不好处，不如静下心来，沉思一下，自己是否向他们亮出了最优秀的名片———自己的修养、情操、细节、人品、言行……很多时候，我们不是输在学历、才华上，而是输在自己言行举止的细节上。善言谈能帮助自己成为一个有魅力的人。

群体引导

用心想想：自己在言谈上有哪些优点？有哪些要改进的地方？

个别活动

1.谈谈说说：你能说出基本礼貌用语十字吗？除此之外，你还能说出哪些礼貌用语？

2.动笔写写：根据自己所学的专业，写一写如何说话才能让自己更有魅力？

8. 联络礼仪——常来常往维持良好人际关系

讲述故事

临近寒假,李明明早早就定好了假期计划:每天痛痛快快地玩游戏,争取达到高分,想办法卖出去挣点小钱。

父母看明明整天在家待着不出去疯玩,也就放心地忙去了。偶尔叫明明出去转转,明明总是推辞:"我不想出门,在家不给你们添麻烦你们不是更省心?"父母无奈地由他去了。

春节期间,父母让明明给亲朋好友拜年,明明说:"我不去。"

"你这孩子说什么话?哪有过年不给长辈拜年的?说,你天天在家到底干什么?"爸爸追问道。

"没干什么,不就是上上网,聊聊天。"

"上网聊天也该有个限度。明明,你是不是有什么瞒着我们?"

"没有,我就是想趁着假期玩得痛快点。"

妈妈一听"痛快"两字,气不打一处来:"你每天泡在网络的世界里,饭来张口,衣来伸手,啥也没干。每天半夜喊你睡觉。现在让你给亲戚们拜年你都不去,啥意思?"

"爸爸妈妈,我不想出门,我只想待在家里把我的游戏玩到高级别。再说了,拜年没意思,我不想和别人打交道。"

父母这才了解儿子真实的想法。他们着急了,照此下去,儿子的网瘾怎么戒?如果出现自闭、抑郁等心理问题,他们怎么活?

"孩子,玩游戏要适可而止。什么东西都有个度,玩过了就容易出事。"爸爸苦口婆心地劝儿子,"再说了,我们人是群居的高等动物,需要彼此多联系、多关照。俗话说'在家靠父母,出门靠朋友',你靠不了我们一辈子,将来你打拼的时候,就需要亲戚朋友们的帮忙。现在不多走动、多来往,将来抓瞎,谁能帮你?"

"就是就是,人们常说'走亲走亲,越走越亲'。亲戚朋友是要多沟通的。"妈妈接着爸爸的话说,"好孩子,我们一起去拜年吧。"

明明若有所悟,听话地跟父母到亲戚家里拜年了。由于感受到了春节的喜庆之气和亲情的温暖,还品尝了各种美味佳肴,回来后,他在QQ空间给朋友们发去了新春问候的祝福语,他也得到了朋友们真诚的回复。虽然没有得到高级别的游戏分,但他收获了满满的亲情友情,度过了一个幸福快乐的春节。

智慧心语

在现代社会中,生活节奏越来越快,人与人之间沟通的手段也越来越多,电话、短信、微博……人们借助多种高科技手段保持联系,维持良好的人际关系。但走亲访友等传统的联络感情的方式,是其他联络手段不可替代的,我们要保留这些文化习俗。

群体引导

用心想想:你是如何与亲朋好友沟通的?

个别活动

1. 谈谈说说:接打电话要注意哪些细节?
2. 动笔写写:给在外地的亲朋好友写一封信。

四、职场规则

9. 日子难混

讲述故事

国际金融危机爆发后,公司也受到了牵连,老板开始裁员,办公室的小李出现在了裁员名单上。

今年30岁的小李工作已经9年了,作为"80后"的一员,他的身上早就没有了这一代人的锐气,"追求?我现在哪里还有什么追求,混呗。工作就那么回事情,公司又不是我家开的,干到哪算哪呗,想那么多干吗……"这是小李经常挂在嘴边的一句话。过去的小李并不是这样,刚工作的时候,还经常会自费参加一些培训,为自己"充电"。然而时间一久,他就开始懈怠:工作还算稳定,一年有七八万,也不是很辛苦;房子虽然是贷款买的,但是好在买得比较早,压力不大;公司里的领导都年轻,想走上管理层难度实在太大;自己的技术再怎么学也赶不上那些名牌大学毕业的,比自己小的新人又已经开始崭露头角。于是,学习的冲劲、事业的干劲开始下降,久而久之,小李好像对一切都无所谓了,上面部门经理让干什么就干什么,不管干得好干得坏,只要每个月的工资、奖金按时发下就好了,别的都无所谓。以为日子就这么一直平稳地过下去,反正自己也没什么追求了,哪知道……

"现在我怎么办啊?每个月还要靠这些钱来缴房贷呢。"小李看到名单后哭丧着脸问我。

是啊,他被裁员了,该怎么办呢?留是留不下了,世界经济衰退对各行各业的影响造成他重新就业的困难。可走到这一步,又是谁的错?

智慧心语

工作没什么追求,上班只想"混日子",职场"橡皮人"一词就是被拿来形容这样的一群人的。王朔的《橡皮人》中主人公"我"是一个当代都市中迷失自我的年轻人——他们没有神经，没有痛感，没有效率，没有反应，整个人犹如橡皮做成的，不接受任何新生事物和意见，对于批评表扬无所谓，没有耻辱感和荣誉感，是最糟糕的员工。然而，当今社会发展速度很快，今天很安逸的工作到了明天可能就充满竞争，机会则只会属于那些有准备的人。当你觉得自己对工作失去兴趣时，要尽快调整自己的状态，给自己适当的压力，主动拒绝"橡皮化"，以便跟上时代的步伐。

群体引导

1. 用心想想：小李被裁员了，到底是谁的错？
2. 唱唱歌曲：

爱拼才会赢
填词：陈百潭

一时失志不免怨叹

一时落魄不免胆寒

哪怕失去希望每日醉茫茫

无魂有体就像稻草人

人生可比是海上的波浪

有时起有时落

好运　歹命

总要照样工作才会行

三分天注定　七分靠打拼

爱拼才会赢

个别活动

1. 看看影碟：看看美国纪录片《西点军校》。
2. 动笔写写：如何避免成为职场中的"橡皮人"？

10. 善于表现——做与说相结合

讲述故事

小马在职校读书时专业技能很好，曾经代表学校参加市赛、区赛得了第一名，在全国中职生技能大赛中获得了二等奖，顺利上了高职。但是，小马有一点不足，他从小就被父母灌输了为人要谦逊的做人原则，这让他在学校的活动中一直表现得不够积极。

小马人生的一次重要机遇，是在大学二年级下半学期。当时，他利用课余时间将自己在课堂中学到的东西和人一起合伙做生意。因为他善于做成本管理，总能敏锐地发现一些成本低但易于在同学中流行的东西。他的这个特质，被校学生会看中。学生会主席动员他去参加校学生会主席的竞选。

小马信心十足，他觉得，以自己的能力一定可以胜任。但是，当他进行竞聘演说的时候，却很低调，没有把自己的优势讲出来。他觉得，自己的成绩是有目共睹的，不需要自己去显摆。最终，他与这个职位擦肩而过。

大学毕业找工作时，一家香港上市公司来学校招人，公司选择了曾与小马同台竞选并获胜的学生会主席。公司认为，竞选过学生干部并且从事过这一工作的人，更加具备团队精神和凝聚力，具备一定的领导才能，且更加自信。

虽然小马最终以自己出色的能力被另一家公司聘用，但他不免有点沮丧。经过反思，他明白了是所谓的"谦逊"让他失去了去香港公司的机会。

智慧心语

谦虚使人进步、酒香不怕巷子深……确为传统美德，但我们别忘了还有"毛遂自荐"等成语告诫我们要勇于推荐自己，毛遂就属于善于表现自己的人。人生是一个发展的过程，它包含着两个相互联系、相互渗透的方面，一个是建构自己，它是指人对自身的设计、塑造和培养；另一个是表现自己，也就是把人的自我价值显现化，获得社会和他人的认可。因此，善于表现自己也是必需的。

群体引导

用心想想：你善于表现自己吗？

个别活动

1. 谈谈说说：在你的生活学习中，如何锻炼表现自己的能力？
2. 读读写写：找找有关成功人士的资料，解读他们善于表现自己的故事。

11. 绝对不要说谎话

讲述故事

春节过后,我接到一个已经毕业好几年的学生小黄打来的电话,想叫我帮她拿个主意。原来,小黄因为半年前做了一个小手术,有半年没有工作了。前几天她看到一家公司在招人,就报了名,第二天就要面试了,但她拿不定主意:不知道该不该将自己因为生病在家休息半年的情况如实告诉用人单位,因为她怕用人单位知道实情后对录用结果有影响。

我想了想,就给小黄讲了一个故事。

经济危机爆发后,电子电器专业的小章毕业后一直找不到理想的工作,他也去面试了很多家企业。一天,他看到招聘启事,某物业公司要招聘一名电梯维修工,待遇还不错,小章马上报名应聘。

"年轻人,如果你想在这里做事,"老板说,"有一件事你必须要学会。那就是我们这个公司里要求非常干净。你进来时在鞋垫上把鞋擦干净了吗?"

"老板,门口好像没有鞋垫,不过我的鞋也很干净,你看。"小章说着把脚抬起来:确实很干净。

"门口不可能没有鞋垫的。"老板板着一张脸,转过头,"后勤不会连这种小事都做不好吧?"

另一个看似主任的人马上说:"老板,他一定是弄错了,我们是每天检查到位的,这种低级错误我们怎么会犯呢?"

小章低头想了想,抬头说:"不,我应该没记错,印象中我是没看到这张垫子。"他坚持道。

就在小章以为面试没戏的时候,老板笑了:"年轻人,你很诚实。好,就是你了,明天你来上班。"小章觉得很意外。

几天后,小章与新同事聊天,问起这件让他觉得莫名其妙的事,同事一愣,随即说:"哦,有7个人因为类似鞋垫这样的小事被淘汰了,不奇怪,我们公司需要的是诚实的员工。"

这个故事讲到这儿,小黄马上说:"老师,你不用说了,我知道该怎么做了。谢谢您,老师!"

一周后,我接到一个短信:"老师,我的面试过了。再一次谢谢您!"

智慧心语

对一个人来说,诚实是其一切美德和能力的基础,如果失去了诚实,一个人就将失去一切。人可能有许多美德:勇敢、智慧、服务、创造力、帮助、乐观等,但如果一个人不诚实,这一切都将失去,做人是这样,做公司也是同样的道理。不论因为什么原因没有做好工作或是完成任务,主动承认错误总比说谎遮掩和推卸责任有用得多。

群体引导

用心想想:在职场中为什么不能说谎?

个别活动

1. 看看影碟:看看日本电影《追捕》。
2. 谈谈说说:什么是善意说谎,如果你遇上你会怎么做?

栽培大树 收获硕果

12. "夹心饼干"

讲述故事

小董中职毕业后,由于技术出色、能力突出,到公司刚5年就成了一个部门的副经理,主要负责营销企划的业务。

经理是个业务型领导,不拘小节,只要业绩,为人简单,身上有点江湖气,常对下属们信誓旦旦地说:"我得让跟着我的兄弟们有肉吃!兄弟们,只要业绩做上去,到年底,分红不会少了大家的!"自然的,小董这种血气方刚的年轻人,比较愿意听从这样的领导指挥,干活也就格外卖力气。

小董办事能力较强,在与部下打交道时,总觉得他们办事不力,效率不高、拖沓,加上他不会控制自己的情绪,动不动就训斥部下,时间一长,他与部下的关系就很紧张。

因小董是新上任的干部,有干劲、有冲劲,应该要培养保护,因此,经理还旗帜鲜明地站在小董的立场上为他说话。久而久之,小董与部下的矛盾不但没有化解,反而越来越激化。这时,经理开始批评小董不懂与人相处。

现在的小董每天一上班都要面对上司的不满与下属的排斥,他心里很茫然,也不知道这样的日子何时是个头。

智慧心语

什么是夹心人?就是那句歇后语说的,老鼠钻进风箱里——两头受气!身处职场,每个人都会或多或少地体会到这种无奈的"夹板"遭遇,而其中大多数人最大的困扰恐怕就是想不出一个能够保全双方人际关系的"万全之策"。作为"夹心人",不能有个性,不能有想法,不能有形状,这样

四、职场规则

才能被夹得安稳。如果你不幸沦为职场"夹心饼干",应当尽量学会将精力专注于工作本身,并想办法扮演好你自己的角色:对上要保证政令畅通、执行有力,对下宽容大度,不摆领导的架子,工作中出现问题时,千万不要一味埋怨员工,更不能推卸责任,而应该尽量安慰、鼓励员工,帮助他们渡过难关。

群体引导

1. 用心想想:如果你是小董,你该怎样做?
2. 唱唱歌曲:

夹心人

填词:邓伟雄　　演唱:郑少秋

要面上永带住轻轻笑
轻轻笑轻轻笑最容易
风吹雨打噩梦来到
不当是一回事

历几多挫败不经意
历几番失意当闲事
也不去管谁败谁胜
世间有哪个知

面对着是噩运都要试
发挥我最坚决真意志
也知道世间有意外事
莫退避
尽了力未迟疑

35

愿每日踏我路都带笑
寻觅生存意义
也不介怀他朝变化
就当是闲事

个别活动

1. 看看影碟:看看香港的电视连续剧《夹心人》。

2. 谈谈说说:"夹心人"是不是只有不好的一面?会不会出现有利的局面?

3. 动笔写写:小组商议,当你不小心成为"夹心饼干"的时候,该怎么做才能化解压力?

13. 不能说真话时请沉默

讲述故事

五年一次的同学聚会开始了，原来在班上沉默寡言的陈奇基本没变，还是一个寡言的人。我笑着问他："陈奇，听说现在任职的公司很不错，怎么样，有发展前景吧？"陈奇笑笑，还没来得及说什么，一旁的刘伟马上说："他啊，是个老好人，亏得我一直帮他，不然真不知道他该怎么办。"怎么回事？我看陈奇无意谈这个话题，就悄悄向刘伟打听。

原来，陈奇的工作能力很强，入行六七年来，他在同事心中一直是不折不扣的老好人，但这也给自己惹了不少麻烦，经常成为"被抢功"的对象。遇到这样的事，陈奇通常都会默默忍受。有时刘伟实在看不过眼就帮他一下，为此还得罪了陈奇那个部门的经理。

又过了一阵，我约陈奇出来喝酒，再问起这个问题时，陈奇吐露了自己的想法：

"其实这种事在公司里经常会发生的，刚开始我也很不服气，觉得很委屈，但是我又能怎么办？辞职不干了，肯定不行！所以我只有选择忍让。有好几次，我手头的工作已经进入收尾阶段了，就会有人过来跟我说：'辛苦你了，剩下的我来吧。'更过分的是，其中一个还故意说我做得不好，'你做的什么啊，都不对，还得我自己来！'可最后成品展示时，根本就没多大差别，署名就变人家的了。其实功劳到底是谁的，大家心知肚明，既然木已成舟，戳穿别人等于给自己树敌，我何必呢。何况，有时候抢功的还是自己的顶头上司，你让我说什么？说出来反而显得自己小气。如果上司把我的劳动成果占为己有，就算我不说，他自己也会心虚。所谓无声胜有声，我要用沉默来做最有力的抗议！不过我也不是完全没脾气，我逮着机会就会旁敲侧击一下，装作无意间说起的样子。不过，现在这种'抢功'的事也慢慢少了。"

智慧心语

"不能说真话时请沉默"，这是办公室生存法则之一。办公室里的环境和家里的不一样，当然会有真话不能全说或是及时打住要选择闭嘴的时候，因为你现在毕竟还只是个员工。不知道自己是员工的人就肯定不是个好员工，所以不能说真话的时候宁愿保持沉默，真相是什么样的其实大家心里都有数。

群体引导

用心想想：如果你是陈奇，你会怎样做？

个别活动

1. 看看影碟：看看美国电影《沉默的羔羊》。
2. 谈谈说说：说说你"不能说真话时请沉默"的故事。

五、职场成功

14. 抗压力——心理健康的安全阀

讲述故事

国球教练刘国梁带领他的队员们在莫斯科世乒赛中勇夺冠军，实现了五连冠的壮举。当别人要他用简单的一句话谈成长的体会时，他动情地说："我要感谢'折磨'我的人和被我'折磨'的人。""折磨"他的人就是他的恩师蔡振华——原中国乒乓球男队主教练，现新上任的中国足协主席。被他"折磨"的人是中国乒乓球男队队员。他们都是在世界乒乓球大赛中经受"折磨"，顶住压力，取得了辉煌成就的人。

蔡振华在做乒乓球男队主教练时"折磨"了刘国梁。无论刘国梁是当乒乓球队员还是当主教练，他都被置于蔡振华的严格监管之下，使他兢兢业业，不敢有一丝一毫的懈怠。刘国梁说："严师出高徒，正是有了蔡师傅的折磨、敲打、修理，我才经受住了各种压力，才有了今天。"刘国梁顶住了种种压力，在各类赛事中取得一个又一个的成就，成为中国第一个乒坛大满贯得主。退役后，他经受了各种考验，当上了中国乒坛中最年轻的主教练，带领中国乒乓球队员在世界大赛中征战不息，取得了一个个令人炫目的成绩，他也因此获得了2010年"最佳教练"的殊荣。

不用说，刘国梁也"折磨"他的队员。在莫斯科世乒赛中，老队员马琳在中国队对德国队的决赛中，在先失一局的情况下，临危上阵，力克奥恰罗夫、波尔两位名将，为中国乒乓球男队最终夺取冠军拿下至关重要的两分。但这位功勋人物当初自直通莫斯科选拔赛中备受"折磨"，经受了很大的压力。

在选拔赛中，刘国梁坦言：在中国乒乓球队，谁也不能吃老本。马琳虽是奥运冠军，历经各种大赛，战绩辉煌，却必须和普通队员在同一条起跑线上平等竞争。"还去不去比赛？我一个三十岁的老队员、奥运冠军与一帮小队员竞争,是否掉价？"马琳犹豫了,"不行,我还得去竞争,我放不下我心爱的事业。这样的选拔赛,不能怪老朋友刘国梁不给面子,机会面前人人平等,我上！"

第一次选拔赛上,由于轻敌,马琳失利了,他失眠了；第二次又失利了,第三次……直到第五次,他才战胜了失利的压力,终于搭上了通往莫斯科的末班车。在莫斯科世乒赛决赛中,马琳宝刀未老,并且具备了特别能战斗的抗压能力,在关键时刻表现出大将风范,铸就了中国乒乓球男队集体的荣耀,也续写了他个人职业生涯中极为精彩的一章。

谁能抵住压力,谁就能战胜对手、战胜自己,谁就能品尝到胜利的果实,摘取为国争光的桂冠,赢得人们的尊敬和爱戴。

智慧心语

现在大多数的年轻人成长环境比较顺利,很少受到大的挫折,在家里或学校,即使犯了错,也很容易得到理解和宽容。因此,他们在职场上的抗压能力较弱,一旦遇到挫折就很容易夸大困难,甚至否定自己的能力,踌躇不前,或采取极端方式解决。要改变现状,首先就要改变自己,要改变自己对问题的看法。卡耐基说："我非常相信,这是获得心理平静的最大秘密之一——要有正确的价值观。而我也相信,只要我们能定出一种个人的标准来——就是和我们的生活比起来,什么样的事情才值得的标准,我们的忧虑有50%可以立刻消除。"这才是一种正确面对职场压力的超然心理。

群体引导

1. 用心想想：你认为自己的哪项专业技能是需要加强的？

2.唱唱歌曲:

隐形的翅膀

填词:王雅君　　演唱:张韶涵

每一次　都在徘徊孤单中坚强

每一次　就算很受伤也不闪泪光

我知道　我一直有双隐形的翅膀

带我飞　飞过绝望

不去想　他们拥有美丽的太阳

我看见　每天的夕阳也会有变化

我知道　我一直有双隐形的翅膀

带我飞　给我希望

我终于　看到　所有梦想都开花

追逐的年轻　歌声多嘹亮

我终于　翱翔　用心凝望不害怕

哪里会有风　就飞多远吧

隐形的翅膀　让梦恒久比天长

留一个愿望　让自己想象

个别活动

1.看看影碟:看看电影《杜拉拉升职记》。

2.谈谈说说:假如我是富士康员工,我要怎么做?

3.动笔写写:活在今天——列出今天你打算要做的事,集中你所有的智慧、热忱,把今天的工作做得尽善尽美,然后给自己一个评价。

做这些事调节减压

1.不如把问题暂搁到明天,说不定一窍忽通,万事大吉。

2.去看心理医生,注意他(她)的提问,他(她)会用你心不在焉的回答偷窥你的心思,找出你的症结所在。

3. 大哭一场,能够暂时缓解悲伤和疼痛。

4. 自己对着镜子怪腔怪调地说:"茄子、花生……"

5. 出门到不花钱的公园转转看看,欣赏湖光山色、花草树木。

6. 给自己买100朵玫瑰,然后通过快递送到办公室来,享受一下被人艳羡的感觉。

7. 吃一回馋了很久但一直没有时间去吃的食物。

8. 到宠物市场买只小动物,逗它玩。

9. 唱卡拉OK、蹦迪、找个没人的地方大声尖叫。

10. 到街上购物,尤其是衣服。

11. 心情郁闷时,不妨买一次醉。

12. 周末的时候好好睡个懒觉,用上一天一夜的时间。

13. 不管你有多忙碌,一定要锻炼。

14. 研究人员发现在经过30分钟的踏脚踏车锻炼后,被测试者的压力水平下降了25%。

15. 享受按摩的乐趣。不只是传统的全身按摩,还包括足底按摩,修指甲或美容,这些都能让你紧张的神经松弛下来。

16. 尽量保持乐观的心态,放慢你的速度。

17. 不要让否定的声音围绕自己,而把自己逼疯。老板也许会说你这不行那不行,实际上自己也是有着许多优点的,只是老板没发现而已。

18. 至少记住今天发生的一件好事情。不管你今天多辛苦,多不高兴,回到家里,都应该把今天的一件好事情同家人分享。

15. 主动性——成功的第一阶梯

讲述故事

初中刚毕业的王和，因家庭经济较困难，父母没能力送他继续升学。无奈，他只得加入了打工大军。在炎热的六月，王和邀上同乡李立勇来到城市找工作，凭初中文凭，找来找去，找不到合适的工作。最后，只找到了一个在超市里整理货架的工作。老板对他们说："我按小时付钱，不会帮你们买五险一金，干不干？"

不干，那就得饿肚子了。为了生存，这样一份在大多数人看来既不合法也不合理的工作，王和他俩咬牙应承了下来。

上班第一天，王和很快就把货整理好了，他对小组长说："我整理完货架了，还有什么事吗？我随时可以帮忙的。"小组长看了看他整的货，果然是分类齐全、有条不紊的。小组长高兴地笑了："小伙子，手脚麻利呀，不错。这里还有些货要从仓库提出来，你跟我一起去干吧。"

下班后，李立勇说："王和，你傻不傻呀，做完分内的事情就行了，干吗自找苦吃，多此一举！"王和答道："反正事情做完了，闲也是闲着，我们年轻人有的是力气，多学点多做点又累不死人。"

第三天，王和抽空去了冷鲜组，说："你们需要帮手吗？我可以帮剖鱼。"冷鲜组的小李正忙得四脚朝天，一看有援兵，何乐而不为？把刀扔给王和，王和学着小李，很快就有模有样地干开了。

第六天，王和跑去学开叉车；第十天，又跑去帮人算库存……

三个月后，员工有事忙不过来时就会说："找王和吧，他懂这些事。"

老板看到王和的表现很高兴，便与王和签订了劳动合同，王和享受到了五险一金，工作更卖力了。而与他一同打工的李立勇早就受不了单调、枯燥的整理货架工作而辞职了。

王和一边工作,一边学习,十月份,他通过成人高考,成了某大学市场营销专业的专科走读生。一年后,王和因为工作认真,积极主动,熟悉基层业务等原因,被提升为超市的中层领导。

智慧心语

主动性是至关重要的职业素质,也是衡量一个好员工的标准之一。有些人就像一块木头,上级踢一脚,木头才动一下,不分配工作就不多干一丁点儿,分配了工作又嫌工作量大,做事只是"知道了"而不是"理解了",这种被动的员工,又怎会受人赏识呢?相反地,那些具备主动的工作态度、积极投入工作、正面处理工作上的疑难、并且愿意以不同的角度甚至创新的手法为企业解决问题的员工,才能赢得上级和同事的欣赏,也只有这样,才能令自己在职场上突围而出。

群体引导

1. 用心想想:面对工作,你是积极主动完成还是找借口往后拖延?
2. 唱唱歌曲:

蜗牛

词曲:周杰伦　演唱:周杰伦

该不该搁下重重的壳
寻找到底哪里有蓝天
随着轻轻的风轻轻地飘
历经的伤都不感觉疼

我要一步一步往上爬
等待阳光静静看着它的脸
小小的天有大大的梦想
重重的壳裹着轻轻地仰望

栽培大树 收获硕果

我要一步一步往上爬
在最高点乘着叶片往前飞
小小的天流过的泪和汗
总有一天我有属于我的天

我要一步一步往上爬
在最高点乘着叶片往前飞
任风吹干流过的泪和汗
总有一天我有属于我的天

个别活动

1. 看看影碟：看看电视剧《士兵突击》。
2. 动手练练：试试主动积极地把老师、同学等交给的事情做好！

16. 协作力——人生发力点

讲述故事

英国科学家把一盘点燃的蚊香放进一个蚁巢。开始,巢中的蚂蚁惊恐万状,约20秒钟后,许多蚂蚁迎难而上,纷纷向火冲去,并喷射出蚁酸。可一只蚂蚁喷射的蚁酸量毕竟有限。因此,一些"勇士"葬身火海。但它们前仆后继,不到1分钟,终于将火扑灭。存活者立即将"战友"的尸体移送到附近的一块"墓地",盖上一层薄土,以示安葬。

1个月后,这位动物学家又把一支点燃的蜡烛放到原来的那个蚁巢进行观察。尽管这次"火灾"更大,但蚂蚁却有了经验,迅速调兵遣将,协同作战,有条不紊。不到1分钟,烛火即被扑灭,而蚂蚁无一遇难。科学家认为蚂蚁创造了灭火的奇迹。蚂蚁面临灭顶之灾的非凡表现,尤其令人震惊。

在野火烧起的时候,为了逃生,众多蚂蚁迅速聚拢,抱成一团,然后像滚雪球一样飞速滚动,逃离火海。那噼里啪啦的烧焦声,是最外层的蚂蚁用自己的躯体开拓求生之路时的呐喊,是奋不顾身、无怨无悔的呐喊。

一天,洪水暴虐,聚集在堤坝上的人们凝望着凶猛的波涛。突然有人惊呼:"看,那是什么?"一个好像人头的黑点顺着波浪漂过来,大家正准备再靠近些时营救。"那是蚁球。"一位老者说,"蚂蚁这东西,很有灵性。有一年发大水,我也见过一个蚁球,有篮球那么大。洪水到来时,蚂蚁迅速抱成团,随波漂流。蚁球外层的蚂蚁,有些会被波浪打入水中。但只要蚁球能上岸,或能碰到一个大的漂流物,蚂蚁就得救了。"

不长时间,蚁球靠岸了,蚁群像靠岸登陆艇上的战士,一层一层地打开,迅速而井然地一排排冲上堤岸。岸边的水中留下了一团不小的蚁球。那是蚁球里层的英勇牺牲者。它们再也爬不上岸了,但它们的尸体仍然紧紧地抱在一起。那么平静,那么悲壮……

智慧心语

　　蚂蚁个子小、力量薄,但它们却能发挥出惊人的力量,原因何在?就是团结、就是协作!微软现任CEO史蒂夫·鲍尔默说过:"一个人只是单翼天使,两个人抱在一起才能展翅高飞。"一个没有团结协作精神的员工,是无法与企业同舟共济的。有首歌唱得好:"团结就是力量",团队合作的力量是无穷尽的,一旦这个力量被开发,这个团队将创造出不可思议的奇迹。只有团队的胜利才是真胜利,因为没有团队的胜利做依托,个人的胜利将是脆弱而不持久的。同学们,让我们学会与伙伴精诚协作,学会让位或服从、服务于团队整体的利益,从而打造一个坚不可摧的集体!

群体引导

1. 唱唱歌曲:

团结就是力量

填词:牧虹

团结就是力量

团结就是力量

这力量是铁

这力量是钢

比铁还硬,比钢还强

向着法西斯蒂开火

让一切不民主的制度死亡!

向着太阳,向着自由

向着新中国发出万丈光芒!

2. 用心想想:一个团队要怎样做才更有凝聚力、协作力?

个别活动

1. 看看影碟：看看电影《海神号》。
2. 谈谈说说：分小组说说自己知道的团结协作成功的例子。
3. 动手练练：将全班分成3-4个组，选择两根长竿在适当距离结成上下两条平行线，在两条平行线的中间用短绳连接成若干不规则的网洞，每组成员互相帮助，在规定的时间内穿过那些洞到另一侧。穿洞时身体不能碰到绳子，每个洞只能用一次。碰到绳子全体重来。看哪个组花的时间最少。

征稿启事

中等职业学校"职业指导"丛书共 6 册,每学期 1 册,首版每册暂设 16 个主题。

丛书主题的设计采用开放式,各校或任课老师可根据教学实际把自己学校富有特色的职业指导案例补充进来,出版社每年将选取有推广价值的案例结集出版。

来稿请发至下列电子邮箱中:xinjiaocaitougao@sina.com。

来稿一经采用,作者将享有署名权和获得报酬权。

旅游教育出版社

中等职业学校职业指导丛书
中等职业学校德育必修课《职业生涯规划》延伸读本

Common Courses
公共课

栽培大树 收获硕果
学生实习手册
（供第三学年用）

陈怡君　谭小芹　著

北京·旅游教育出版社

责任编辑：景晓莉

图书在版编目(CIP)数据

栽培大树　收获硕果：学生实习手册/陈怡君,谭小芹著．—北京：旅游教育出版社,2013.1
（中等职业学校职业指导丛书）
ISBN 978-7-5637-2508-3

Ⅰ.①栽…　Ⅱ.①陈…②谭…　Ⅲ.①教育学习—中等专业学校—教学参考资料　Ⅳ.①G717.38

中国版本图书馆 CIP 数据核字(2012)第 263546 号

中等职业学校职业指导丛书
中等职业学校德育必修课《职业生涯规划》延伸读本

栽培大树　收获硕果
学生实习手册
陈怡君　谭小芹　著

出版单位	旅游教育出版社
地　　址	北京市朝阳区定福庄南里1号
邮　　编	100024
发行电话	(010)65778403 65728372 65767462(传真)
本社网址	www.tepcb.com
E-mail	tepfx@163.com
印刷单位	北京科普瑞印刷有限责任公司
经销单位	新华书店
开　　本	787mm×960mm　1/16
印　　张	3
字　　数	34千字
版　　次	2013年1月第1版
印　　次	2013年1月第1次印刷
定　　价	48.00元(全6册)

(图书如有装订差错请与发行部联系)

序

职业生涯规划是中职生的德育必修课,是职业指导教育的重要内容,是教育部《中等职业学校德育课职业生涯规划教学大纲》规定的国家规划教材的重要教学内容。

陈怡君是职业教育战线上的一位老同志,也是一位勤勉知名的中等职业学校校长。她在从事学校教育工作中,关注学生职业生涯规划,不断学习、不断探索、不断实践,主编了这套《栽培大树　收获硕果》中等职业学校职业指导丛书。读之,颇受启发。

该丛书内容实,注重学生职业生涯规划的实效性和长效性。教材编写遵循贴近实际、贴近生活、贴近学生的原则,根据学生特点和用人单位对人才的要求,选取了16个基本的学生素养主题,分别从职业信念、职业选择、职场礼仪、职场规则和职场成功五个方面给学生"讲述故事",用"智慧心语"引导学生。所讲故事都是根据真实的生活而创编,鲜活而通俗易懂,如"夹心饼干"、"没有笨老板"、"不能说的秘密"、"莫做小人"等,内容真实,感染力强,有利于引导学生正确地看待社会和个人,有利于学生自强不息,引导他们在心理归属上尽早融入社会。

该丛书适用性强,教学方式方法灵活多样。就使用对象而言,班主任、科任教师、年级组长、德育主任、教研室主任、专业部长等都可使用,覆盖人群广泛;就使用时间而言,长可一节课,短则课前5分钟即可讲完,使用单位可根据教学目的和教学需要,灵活掌控,时间可长可短,非常便利;就教学组织的方式方法而言,既有面向群体的引导,也有个别活动环节,能够充分调动学生的多种感官,让他们在活动中听故事、想问题、说想法、看影碟、唱歌曲、写体会、练本领……

该丛书视角新,对顶岗实习期间的学生如何做好职业生涯规划进行了

有益指导。实行校企合作、工学结合、顶岗实习,是职业教育改革发展中带有方向性的问题,而当前论述顶岗实习过程中职业生涯规划的书很少,对中职学生毕业后走向社会的职业过渡关注不够。陈怡君同志作为中职学校的管理者和实践者,关注到顶岗实习过程中的一些问题,提出了指导学生做好职业生涯规划的个人见解,对从事职业生涯规划工作的同志有一定的借鉴意义,为缺乏实践经验的年轻教师指导中职生进行职业生涯规划提供了有益参考。

该丛书立意高,注重体现职业教育的人才强国战略精神。职业教育是国家经济社会发展的重要基础和教育战略重点,承担着培养数以亿计的高素质劳动者和技能型人才的重要任务,中职毕业生在我国社会主义现代化建设中更是发挥着不可替代的重要作用。该丛书关注到了对这类人群的培养培训和职业生涯规划,定位科学合理,正如书名"栽培大树 收获硕果"所展示,其立意是深远的。

我曾经考察过陈怡君同志所在的学校,对学校和她本人都有所了解。现受其嘱托,写了以上的话。

是为序。

国务院参事:黄尧[①]
二〇一二年七月二十日

---

① 编者注:黄尧,职业技术教育中心研究所所长,曾任国家副总督学、教育部职业教育与成人教育司司长,高级经济师,长期从事职业教育与成人教育政策研究和实践。

前 言

自教育部《职业生涯规划教学大纲》(教职成[2008]7号)颁布以来,各职业学校的职业指导教育工作得到了具体推进,36课时的教学计划在第一个学期实施很好。如何在巩固第一学期职业指导教学成果的基础上,保证职业生涯规划教学工作的实效性和长效性,是时下职业教育工作者需要认真思考的课题。

我们根据社会需求和用工现状,经过探索和实践,为职校生量身定做了这套《栽培大树　收获硕果》职业指导丛书。编写这套丛书的出发点和落脚点,是要长期有效地培养学生的职业意识和职业道德,在潜移默化中帮助职校生规范和调整自己的行为,引导其正确看待社会和个人,把自己放在合适的位置上,使职校生提前在心理归属上融入社会、在价值取向上认同企业、在行为特征上接近企业,为顺利就业、创业奠定基础。

该"职业指导丛书"共6本,每学期1本,每本暂设16个主题。丛书可与国家规划教材同时使用,使用中以国家规划教材为主、以丛书为辅。学校可安排各相关部门利用一切机会和闲散时间,点点滴滴把对学生们的职业指导渗透到每个学期中。班主任可利用晨训时间、读报时间、班会课时间以及课余时间使用本套教材;德育课教师和科任教师可在课前5分钟使用本套教材;年级组长、专业部主任以及团委、学生处等相关部门可用书中材料开展团体性活动,如礼仪比赛、主题辩论赛、成才报告会等。具体使用时,可通过先讲故事后提问的方式,也可根据主题发问,还可利用学生身边发生的正反两面的实例导出话题,引导学生去思考、去观察,从而激发起学生的学习兴趣和热情。

丛书主题的设计采用开放式,各校可根据教学实际把自己学校富有特色的职业指导案例补充进来,出版社每年将选取有推广价值的案例结集

出版。

该"职业指导丛书"的1~4本供一、二年级使用,5~6本供三年级使用。第5本为学生顶岗实习指导用书,第6本为顶岗实习指导教师用书,教师用书中附有各类表格,各校老师可根据需要复印。

1~4本用书中安排了"个别活动"模块,设计了"看看影碟""唱唱歌曲"等教学环节。为方便使用,我们将这些环节涉及的影片、歌曲全部分类收录在了一起,有需要的学校或老师可免费索取。索取联系QQ号为:"1549244993 旅游教育社"。

本套"职业指导"丛书有以下特点:

1. 注重实用。前四册书分别从职业信念、职业选择、职场礼仪和职场成功四个方面入手,根据学生特点和用人单位对人才的要求,遵循贴近实际、贴近生活、贴近学生的原则,选取了16个基本的做人素养主题,通过"讲述故事"的形式呈现给学生,然后用"智慧心语"予以引导。故事都是根据真实的生活而创编,鲜活而通俗易懂,如"夹心饼干"、"没有笨老板"、"不能说的秘密"、"莫做小人"等故事的创编旨在启发学生思考职场生存发展的大智慧。

2. 注重实效。为了避免职业指导教育出现"虚效"和"无效"的窘况,本套丛书根据学生身心特点,对学生的体验教育、养成教育予以了特别关注。1~4本书借助于讲述故事这种学生喜闻乐见的方式呈现每个主题,下设群体引导、个别活动环节,运用疏导、参与、讨论、练习等方法调动学生的多种感官,让他们在活动中听故事、想问题、说想法、看影碟、唱歌曲、写体会、练本领,以增强活动的吸引力和感染力,提高职业指导活动的实效性。

3. 注重发展。本丛书在各主题内容的编排上均以学生的发展为中心,注意与学生认知水平相匹配、与学生生活体验相适应、与学生关注点相一致,引导学生正确面对他们成长过程中的彷徨与困惑,如第3本书里的"不能说真话时请保持沉默"、第1本书里的"做到与得到"……无不向学生传递着面对困惑如何正确行事的信息。丛书还通过故事情节的设计注入时代发展的特性,如第1本书里的"功劳与苦劳"故事主人公——会计老王忍痛丢下算盘学习电脑做账,道出了时代与行业的发展要求个人也要与时俱进的

道理。

4. 注重实习。顶岗实习是中职学校教学的重要环节，是学生走向社会的过渡期，实习成效的好坏，对学生、对学校都至关重要。第5本、第6本书根据学生在企业顶岗实习中出现的常见问题与对策而编写，一本是给学生看的，一本是实习指导教师用的，这是我们反复思考、反复实践的结晶，特整理出来与同人们共享。第6本书附录中有三款表格，蹲守在实习点的教师可用月表；在学校周边管理实习的教师可用旬表；至于通信联络表，两类教师都可使用。

该"职业指导"丛书共6本，第1本由陈怡君、刘涛、许丽琳担任主编，由王洁、苏俊华、唐琳、张丽莎、龚金玉、陈宇担任副主编；第2本由陈怡君、闭春桂、龚金玉、许丽琳担任主编，唐琳、张丽莎、王洁、苏俊华、陈宇担任副主编；第3本由陈怡君、龚金玉、陈宇担任主编，苏俊华、王洁、唐琳、张丽莎、许丽琳担任副主编；第4本由陈怡君、陈宇、赵涛担任主编，张丽莎、唐琳、王洁、苏俊华、龚金玉担任副主编；第5本、第6本由陈怡君、谭小芹著，余俊、韩勇、陈莹、闭春桂、尹晶参与了部分编写工作。

本丛书是一线德育工作者辛勤耕耘的作品，老师们爱教爱生之心很热，爱教爱生之情很真，我们把这真心实意融入每本书的编写中，希望用它起到抛砖引玉的作用，引起广大职教同人对职业生涯教育实效性和长效性的关注。

在丛书的编写过程中，我们从互联网上选取了一些素材，因作者不详，无法一一列出，在此一并表示最诚挚的谢意。

受作者水平所限，书中一定有不少错漏，敬请专家同人指正。

作者

目 录
CONTENTS

阶段一　准备（1 个月）

一、聆听学校的实习总动员 …………………………………… 4
二、明了学校的实习管理规定 ………………………………… 4
三、做好心理准备，与自己签一份实习合约 ………………… 5

阶段二　实战（11 个月）

一、兴奋期（2 周左右）——看热闹 …………………………… 8
二、进取期（3 周左右）——看门道 …………………………… 12
三、波动期（2 周左右）——抗得住 …………………………… 16
四、困惑期（3 周左右）——想明白 …………………………… 21
五、平稳期（36 周左右）——再提升 ………………………… 26
六、期盼期（8 周左右）——摘果子 …………………………… 31
征稿启事 ………………………………………………………… 37

两年校内的学习生活即将结束，实习就要开始了，你将离开学校，走进社会，开始新学习——顶岗实习。这种学习与学校的学习有着诸多的不同，如学习内容上以工作实践为主，作业即是产品；又如，学校以教育为主，违纪可以多次，老师不断进行再教育，而企业不一样，一两次违纪或许可以，多次后可能会被开除，而且每次违纪都会与个人的工资收入息息相关。诸多的不同，会给我们每一位同学带来不适应，为了帮助同学们能顺利完成实习，为步入社会做好准备，我们把学兄学姐们在实习过程中出现的种种问题以及解决这些问题的方法整理出来，但愿对你们有所帮助。预祝大家实习成功！

阶段一　准备(1个月)

一、聆听学校的实习总动员

1. 由分管副校长或专业部负责人与实习负责部门联合做好实习动员报告。相关实习动员报告请见"实习指导教师手册"。

2. 请各专业部、实习处或班主任向同学们介绍实习企业的情况与特点，介绍往届实习同学的业绩。（相关内容参见"实习指导教师工作手册"。）

二、明了学校的实习管理规定

明了学校的实习管理纪律，对帮助我们完成实习任务是非常重要的。如在实习期间，你必须要上交哪些实习材料，哪些高压线不能碰。下面列举某所学校的实习管理守则。

学生实习守则

一、实习是教学计划中的必修课程，学生必须参加。表现不合格的学生不准参加实习，在跟班或留级学习合格后方可参加实习（跟班学习分3个月和6个月两种）。学生实习成绩不合格必须重修，实习成绩及格以上（含及格）方准予毕业。

二、学生实习由学校统一安排。凡不服从学校安排或不经学校同意自找实习单位的学生，其实习成绩学校不予认可，不予发放毕业证。

三、学生在实习中应尊重师长、服从分配、虚心求学、努力工作，遇到困难或实习中出现问题无法解决，应及时向实习管理老师汇报。

四、实习单位一经确定，不能随意变动（特殊情况可向实习管理老师反映）。凡擅自离开实习单位的学生，学校将给予记过以上处分，延长实习1个学期。擅自离开实习单位累计时间超过1个月者，作退学处理。

五、学生要认真做好实习笔记，收集、整理观察结果，每月按时完成实习报告或实习总结，如缺交一次，延长实习2个月。

六、学生必须严格遵守实习单位的各项规章制度。要严格遵守劳动纪律,不得迟到、早退、旷工或旷课。在实习单位集体住宿时,不得擅自在外留宿,无正当理由不得请假。如违反有关规定被实习单位退回学校者,学校将视情节轻重给予警告、记过、留校察看等处分,并重新计算实习时间。如严重违反实习单位规章制度,则劝其退学或开除学籍。

七、实习学生要自觉遵守单位的制度,严格做到先请假后休息。请病假要有正规医院的假条,请事假必须有家长签字,并征得实习单位主管领导的同意。

八、凡被实习单位退回,应立即向实习管理老师汇报,且必须在规定时间到学校招就处报到;经学校处理后重新安排实习。对不回校报到者按旷课处理。

九、实习结束后,将从实习成绩特别突出的学生中评选出部分优秀实习生,给予表彰,并优先推荐工作。不参加实习或实习成绩不合格者,不能取得毕业证书。

十、实习期间返校,积极协助、支持学校组织的各项活动和由于工作努力受到实习单位表彰的学生,学校将给予奖励,并将其事迹载入本人学籍档案中。

三、做好心理准备,与自己签一份实习合约

出发前,要告诫自己,准备吃苦,准备受累,准备受气,并鼓励自己"我是好样的,别人行,我一定行!"然后与自己签一份实习合约。

活动:自己跟自己签一份实习合约
形式:个人完成
材料:准备一张活页表格,一个信封,一枚邮票
场地:不限
主题:学习自我激励
程序:1. 每位同学自行准备一张活页表格。
    2. 在填写表格之前,心中必须有这样一个念头:在学校或者岗前培训中,我已经学习到了大量关于专业服务的知识,能否把这些知识运用到工作中去,取决于我自己的努力。

3. 填写表格,再把填写好的表格放入信封中,封上口,写上自己的地址。

4. 过两三周后,贴上邮票,把信寄给自己。

讨论:1. 填写这份合约对于你和你的行为产生了什么影响?

2. 有多少人认为自己能够做到合约中约定的该做的事?

3. 有什么阻力会使你很难执行合约中的承诺?

提醒:1. 必要时可以修改合约条款,使其更适合于不同阶段的你。

2. 及时提醒自己,让自己坚持自己的决定。

实习合约样本

收信人:
发信人:
主 题:与自己的合约
日 期:
在过去的生活和工作中,我所知道的、学到的、认识到的最重要的关于自我激励的观念是:
受这些观念的影响,在此后的实习期内,我决定做下列事情:
这些事情,会产生下列结果:

阶段二 实战(11个月)

一、兴奋期（2 周左右）——看热闹

学生1：我在学校是学生干部，班里的大事小事都是我做主，班主任都听我的哦！去实习我才不怕，领导一样会听我的。

学生2：我在家，大事小事父母都听我的！

老　师：在学校，你也许是最能干的；在家里，你也许是最能干的，但在我们的实习生中，往往就是这些能干的人最先被实习单位退回来，为什么？因为他们最容易犯一个错误，就是习惯"指导"他们的领导怎么工作，最后，这些所谓能干的人，没有一个部门敢接收，只好被退回学校。

实习指导

实习的第一天，同学们一定要学会一件事——服从！

巴顿的士兵

由于需要，巴顿的军队要从一群普通士兵中提拔一名军官，提拔谁呢？人事部犯了难。问题转到了巴顿手上，巴顿就把军政部的军官召集起来，一起选出他们认为最适合当军官的士兵。

巴顿把所有的候选人排到一起，给他们分配了一项任务。巴顿说："伙计们，我要你们在仓库后面挖一条战壕，8英尺（约2.5米）长，3英尺（约1米）宽，6英寸（约0.2米）深。"

巴顿就告诉他们这么多，然后便和一群军官通过窗户孔观察士兵。他们看到士兵们把铁锹和镐都拿到仓库后面的空地上。

士兵们工作几分钟后，开始疑惑上司为什么要他们挖这么浅的战壕。有人说，6英寸深还不够当火炮掩体；有人说，这样的战壕太热或太冷……由于有人怀疑挖这战壕的价值，工作慢下了许多。最后，有个士兵对别人说："我们把战壕挖好就行了，那个老家伙想用战壕干什么我们不要问。"说完，这名士兵带头快速挖起壕沟来。

看到这里,巴顿问手下的一群军官:"你们看看,这群家伙中你们最喜欢谁?"

军官们齐声说:"那个骂你的家伙。不是他骂了你让我们感觉不错,而是他能坚决执行你的命令。"

最后,巴顿将军提拔了那名士兵。巴顿后来说:"我必须挑选不找任何借口完成任务的人。"

(一)像士兵那样去服从

一个企业好比是一个不断运转的庞大而复杂的机器,企业员工就是让机器正常运转的一个个部件,每个部件只有在规定的时间内、在规定的位置上按工作程序运转,企业这个庞杂的机器才能周而复始地工作。一旦某个部件不服从管理,就会发生一系列连锁反应,企业的管理就会陷入混乱。所以,这里要告诫每一个即将成为企业员工的同学,到企业实习,服从上级的指令是你们的天职,只有那些无条件服从管理的员工才能得到企业的认可与重用。

张建军同学在北海香格里拉酒店实习,一天,主管经理排好了班,张建军看了看,觉得安排很不合理,自己明明可以连休的,却被安排在了第二天上班。领导一定是在故意整自己,张建军气哼哼地想。第二天自己正好有点私事,于是没有经主管经理同意,张建军私下里和上另一个班的李鑫同学商量,让李鑫为自己顶班。结果,由于李鑫同学日夜连班,因疲劳而出现了事故并造成了本部门班次严重错乱,两位同学因此受到了严肃处罚。

(二)不能曲解上级的意图

服从的第二种形式:就是不曲解上级的意图,不选择性地倾听对自己有利的话,全面正确地理解上级的意图并服从管理。

有些实习生,对于领导所说的话习惯于"断章取义",只选取对自己有利的话来理解,要攻击领导的时候就取其最缺乏人情味的半句话,并在同学中乱传,同学们不明真相就联合起来对付领导。

上班时间,实习生小王因为心烦想请假,经理没批准,小王就谎称自己有病,让领导准假,经理看他好好的,根本就没病,于是气呼呼地说了一句过激的话:"如果你今天倒在这里,这个病假我就批了"。小王气愤异常,于是断章取义,在实习生中间传说"经理要我今天倒在这里!"实习生们个个都很生气,都说这个经理不近人情,实习生和经理的关系骤然紧张起来……

(三)多从上级的角度去考虑问题

服从的第三种形式:就是当你与你的领导发生冲突时,请换位思考一下,你会发现有些问题其实很容易想得通。

在神龙谷景区工作的实习生们向老师反映说:"我在上班时间,一天没事,经理就让我们休息,等到要下班来客人了,领导就要我们临时加班,要加班你早说呀!"于是,老师给实习生们提出了一个问题:"出游玩耍的人永远没有正点!现在你是经理,你来解决这个问题,如果解决得好,今后就按你的办法来做!"实习生们思来想去,一下子全都理解了经理的做法!

所以说,换位思考,最能说服自己去"服从"。

教师叮咛

一次,孔子的学生仲由问:"听到了,就去干吗?"孔子说:"不能。"又一次,另一个学生冉求又问:"听到了,就去干吗?"孔子说:"干吧!"公西华在旁边听了很疑惑,就问孔子:"两个人的问题相同,而你的答案却相反。我有点儿糊涂,所以来请教。"孔子说:"求也退,故进之;由也兼人,故退之。"意思是说,冉求平时做事好退缩,所以我给他壮胆;仲由好胜,胆大勇为,所以我劝阻他。所以,说话也要看对方的性格和心理状态。

实习生的性格一般有两种,一种是内向型,一种是外向型。如果你是性格外向的人,说明你善于与人沟通,但做事容易情绪化,所以,控制好自己的情绪是你实习成功的法宝;如果你是性格内向的人,那一定要多交朋友,多与人沟通,让你的实习生活变成迈向成功职场生活的第一个领地。

另外,与不同性格的人打交道也是有技巧的。性格外向的人善于言谈,乐于交往;性格内向的人多半"沉默寡言"。同性格开朗的人谈话,你可以侃侃而谈;同性格内向的人谈话,就应注意分寸、小心用词。

个别活动

认识我的实习老师。

三言两语

1. 你能正确理解"如果你今天倒在这里,这个病假我就批了"这句话的意思吗?

2. 不同性格的人应该如何与人相处?

小 测 试

1. 领导让你临时加班,你的想法是(　　)。

A. 心里面不爽,但会去做

B. 会提出必要条件进行交换

C. 加班就加班,但在领导看不见的时候会偷闲

D. 多做点多学点,考验我的耐受力有多大

2. 你的上司对你发话、安排你工作(　　)。

A. 你会有选择地听,分析哪些该做哪些不该做,该做的就做,不该做的不做!

B. 会指出领导在安排上的错误并让他改正

C. 不作声就去做

D. 应一声后马上去做

正确答案:

1. 选"D"。答案提示:因为我们正在实习,多做点多学点不就是我们实习的目的吗?

2. 选"D"。答案提示:因为服从是员工的天职,在小范围内也许你的安排很合理,但从全局来说,领导的安排可能是最佳方案。即便领导的安排有不妥的地方,如果我们不服从管理,就有可能给全局造成更大的麻烦。

二、进取期(3周左右)——看门道

实习指导

(一)我是老板

实习生伍莉莉说:"我实习完全是看在钱的分上,我才不管企业效益好不好呢!反正我是实习生,企业也不可能开除我。"因为有这种想法,伍莉莉在工作中自然不求上进,大错小错不断。领导批评,同事不愿与她在一个班,最后被企业退回学校。

同在一个企业实习的李丽,在一次工作中出现了失误,她把客人的衣服混在被服中送到了洗衣房,招来了客人的投诉,她难过地哭了。领导说:"找到衣服就好了,以后仔细点!"但是李丽当天硬是茶饭不思,领导知道后笑了,说:"怎么这么可爱!"

你也许会问,同样是在工作中犯错误,为什么有的人能获得领导和同事的谅解,有的人却不被认可,你能悟出其中的道理吗?

有这样一个故事:一个青年来到绿洲碰到一位老先生,年轻人便问:"这里如何?"老人家反问说:"你的家乡如何?"年轻人回答:"糟透了!我很讨厌!"老人家接着说:"那你快走,这里同你的家乡一样糟。"后来,又来了另一个青年,问了同样的问题,老人家也同样反问,年轻人回答说:"我的家乡很好,我很想念家乡的人、花、事物……"老人家便说:"这里也是同样的好。"旁听者觉得很诧异,问老人家为何前后说法不一致?老者说:"你要寻找什么?你就会找到什么!"

老人的话没有错,一个人对待客观事物的态度折射出他的人生态度,而人生态度决定一个人一生的成就。在职场上,对待工作的态度就决定了你在职场上的成就。

那么,究竟什么样的态度是好的态度,什么样的态度是不好的态度呢?态度在不同的情况下有不同的表现,此处所讲的态度是不同的职业态度,你是用怎样的职业态度来对待你的工作的呢?

有人问三个砌砖的工人:"你们在做什么呢?"第一个工人没好气地嘀咕:"你没看见吗,我正在砌墙啊。"第二个工人有气无力地说:"嗨,我正在做一项每小时9美元的工作呢。"第三个工人哼着小调,欢快地说:"你问我啊,朋友,我不妨坦白告诉你,我正在建造这世界上最伟大的教堂!"三年后,第一个工人仍在砌墙,第二个工人在办公室里画图——他成为了一个工程师,第三个工人则是他们两个的老板。

为什么同为砌砖的人,却有着不同的职业命运?

道理很简单,不同的人,需求不同,工作态度不同,工作动机不同,所产生的行为结果势必不同。我们姑且将不同工作态度的人分为以下几类:

第一类人,工作对他来讲就是按照企业的期望来实现企业的目标,他考虑的完全是企业的要求,而没有自己的需求。感觉自己像个奴隶,越干越被动。

第二类人,工作对他来说就是出卖体力和时间,赚点钱来养家糊口,像这样的人不能特别主动地工作。他只满足于安全需求的层次,他只要安全了,能活下来了就OK了,至于其他东西就不争了。

第三类人,具有很高的追求和远大的理想抱负,对所从事的工作非常积极乐观。对他来说,工作不仅是获得收入、取得成就,而且更是一种创造性劳动,他可以用非常积极的态度来面对工作。

这就是问题的症结。如果你只把目光停留在工作本身,那么即使做最喜欢的工作,你依然无法持久地保持对工作的热情。每当这时,你一定要提醒自己:世界上没有卑微的工作,只有卑微的工作态度。工作满意的秘密之一就是能看到超越日常工作的东西,让心情愉快起来,全身心投入,使乏味无比的事情变得妙趣横生。这正是工作的本质所在。

我们不妨设想一下三位砌砖工人的命运,前两位继续砌着他们的砖,因为他们没有远见,不重视自己的工作,不会去追求更大的成就。但那位认为自己在建造世界上最大教堂的工人则不一样了,他一定不会永远是个砌砖的工人,也许,他已经变成了承包商,甚至变成了很有名气的建筑设计师。可以肯定,他还会继续向上发展,因为他善于思考,他对于工作的热情已经明显地表现出他想更上一层楼。

（二）善于表现自己

这里讲的善于表现自己，不是有领导在的时候就多做一点，领导不在的时候就少做或不做。我们所讲的善于表现自己，是指要善于和领导、同事沟通，把自己的优势展现出来，对自己的不足进行规避，让领导能在尽可能短的时间内发现自己的优势。

教师：一次，我去郑州三九大酒店看望实习生，一进门，我就看见一个招聘广告牌，原来，酒店对外招聘一个美工。当时这些实习生的美术课是我上的，我很清楚，在实习生中有几位的美术成绩很优秀，于是，我让他们毛遂自荐，结果，有一名实习生成功地走上了美工这一岗位，从而改变了自己的命运。

学会与老板和同事沟通，善于表现自己，是一门不可不学的艺术。要知道，老板和同事只能看到你外在的工作表现，而看不到你为了更好地完成某项任务而加班加点的身影，更不能了解你内心对于这份工作的热爱之情。有些人只顾埋头工作，完成工作后一交了事，与老板和同事的交流很少，因而不容易得到老板的赏识和同事的认可。作为职场人，不但要会干，还要会沟通，要采用巧妙的方法让老板和同事感到你背后付出的努力和艰辛，让老板感到你的确是一个勤奋敬业的好下属，让同事感到你的确是一个勤奋敬业的好同事。

（三）低调做人，高调做事

工作中不管是什么时候，都不要把话说满。

低调做人，你会一次比一次稳健；高调做事，你会一次比一次优秀，低调做人，在职场中是一种进可攻、退可守，看似平淡、实则高深的处事谋略。

常用语："让我试试吧！""我以前做过，也许可以的哦！""我尽量做好！""我尽量按时完成！""我会努力的！"

谦卑也是低调做人的一种表现，谦卑是一种智慧，是为人处世的黄金法则，懂得谦卑的人，必将得到人们的尊重，受到世人的景仰。

另外,低调做人还表现在不处处与别人在语言上争高低,记住:如果你在语言上胜了别人,实际上你在做人上已经输给了别人,你输的是人心。就算道理在你这边,也要以宽容之心度他人之过:"退一步海阔天空,忍一时风平浪静。"这个道理大家都懂,但做起来就不那么容易了。对于别人的过失,必要的指责无可厚非,但能以博大的胸怀去宽容别人,更能让世界变得精彩。

教师叮咛

1. 企业给你的第一印象是什么?你的优势在哪里?你的弱点是什么?你最适合哪个岗位?

2. 引导学生认识企业经营理念、企业的创业史、企业的前景、企业文化、企业规章制度。

3. 实地调查:企业需要什么?我在这里能胜任什么工作?

个别活动

1. 自我大盘点,弄清自己在企业的优势。
2. 模拟构想我心中自己的企业。
3. 了解你的主管、经理、总经理的心路历程和他们的职业经历并与他们交朋友。

三言两语

1. 你对自己完成实习任务有多大的把握?
2. 你欣赏你的上司的哪些方面?

小测试

1. 如果你是企业老板,你会要求员工(　　　)。

A. 听话就行

B. 只要不做坏事就好

C. 不必动脑出力就好

D. 好好做事

2. 你与同事、同学、领导之间有过口角吗?（　）

A. 发生过。

B. 没发生过,但心里不服。

C. 差点发生,但忍住了。

D. 没发生过,因为是我先错,所以我只有接受的份儿。

正确答案：

1. 选"D"。答案提示：因为要动脑子才能算好好做事,而做好每一件小事才能做成大事。

2. 选"A",答案提示：你要去做一定的补救工作；选B,小心会变成心结；选C,你是好样的；选D,你是正确的！因为一个巴掌拍不响,我错在先,别人说我,我只好接受并且改正。

三、波动期（2周左右）——抗得住

实习指导

（一）面对日复一日、不断重复的实习工作,你烦吗

师：嗨！在实习中总是重复做那些事,你们是不是开始感觉有些单调、枯燥啦？

我想告诉你,这很正常哦！当初,我当实习老师时跟你们的感受一模一样,每天备课、上课、找学生谈话……周而复始,真挺烦的。后来在老教师的指导下,我的备课常受到表扬,上课也越来越受学生的欢迎,与学生谈话也有话讲了……我一天天在看似重复的工作中不断寻找着新的乐趣,享受着每一天的快乐时光。

不光是老师和你们每天都在做同样的事情,就连和你们最亲近的父母们也是这样度过每一天的,不信,打个电话问问你们的爸爸妈妈!

其实,老师想告诉你们,随着社会和科技的进步,社会的分工会越来越细,工作的内容就会越来越简单,这是规律。如何在简单重复中寻找到工作的乐趣,才是我们要重点考虑的问题。

生:有同学可能会说"既然工作这样简单,我们是不是就不用实习了?"

师:要知道,我们参加实习不光是为了强化技能,更重要的是要学会如何与同伴协作工作,学会处理自己与领导、同事、顾客间的关系,要学的东西可多啦!学问大着呢!

海尔的总裁张瑞敏曾经说过:"什么叫作不简单?就是把简单的事干百遍都做对,就是不简单。什么叫作不容易?就是把大家公认的非常容易的事情非常认真地做好,就是不容易。"

把每一件简单的事做好就是不简单,把每一件平凡的事做好就是不平凡。能把自己所在岗位上的每一件事做成功、做到位就很不简单了。同一件小事,不同态度的人会有不同的体会和成就。与其浑浑噩噩浪费时间,不如从我们经手的每一件琐事中得到成长。

(二)贵在坚持

明明和萌萌是一对很要好的朋友,从小在一起长大,他们一起上职业学校,一起分配在同一单位。明明既聪明又有雄心壮志,而萌萌相反,用明明的话来说是胸无大志,领导让他做什么他都乐呵呵地去做,没有一点自己的追求和思想,还爱捣鼓一些对自己看似没有任何利益的小玩意,从进单位就在一个岗位上班,也不说找领导帮着换换工种。明明工作很努力,总想干出一番业绩,但有一天,他发现他所在的企业领导对他并不赏识,他与企业再见了,去了另一个企业。后来他又发现,这个企业的机制对他不太适合,他再次走人……就这样,明明为了寻找一个自己喜欢的工作、一个适合自己发展的单位,不断地追寻……

同学们觉得明明和萌萌他俩最后能成功吗?为什么?

反反复复做一件事最能修养一个人的心境、考验一个人的意志力!有句话说得好——贵在坚持！在企业里，有许多高级管理人员他们都是从最简单、最基层的工作做起来的，他们年年月月、日复一日地做着同样的工作，在平凡中做出了不平凡，一直做到人生的顶峰。他们成就自己的秘诀之一就在于能"坚持"。

我们不主张不动脑的简单重复。当重复做一件事时，要想想工作效率还能不能再提高？有没有更好更快的工作方法……这种不断追求的信念将成就你不平凡的一生。

（三）你自动、自发、主动了吗

自动、自发、主动是最便捷的成功方式。一个具有自动、自发、主动精神的人最善于随时准备去把握机会并展现超乎他人工作绩效的工作表现。他们头脑中时刻都有"主动、再主动"的工作理念，这样，他们的工作总是会超出别人的想象，别人还没有想到，他就做出来了，因此给人感到他超常的魄力与判断力，这样的职工常常在职场中笑到最后。

8月的苏州，天气炎热，但到这里来的游客仍络绎不绝。

某星级饭店里住满了来自各国的旅游者，其中一位孤僻的美国客人住在这里已有一周。他不善言笑，总是板着脸。

每天早餐时间，吃过盘中自选食品后，这位美国客人总要在取餐台上寻找些什么，一连两天都是这样。第一天，服务员小王笑着问他需要何物，没有得到答复。第二天，小王又耐心地询问，仍然没有得到答复，当客人吃完早餐打算走出餐厅时，小王又笑着问他是否需要帮助，于是，"香蕉"一词从他的牙缝中挤了出来。第三天，当美国客人再次出现在餐厅时，取餐台上的一大盘香蕉立刻进入了他的视线，美国客人绷紧的脸第一次有了笑容。

几个月后，这位美国客人再次光顾了这家饭店。次日早上，当他步入自助餐厅时，他看到，在相同的位置上摆放着引人注目的香蕉，客人立刻有了一种回家的感觉。

原来，美国客人离店后，他的特殊喜好已被记录在了客史档案里，当得知客人再次下塌的消息后，总台服务员提前通知了餐厅客人入住的消息。

"你们的服务真是无与伦比！"这位"冷面"先生的脸上不禁露出了感激

之情。

是的,服务员小王自发、主动地工作,不用领导交代,再三主动询问客人,从而争取到了一位回头客。像小王这样的员工,迟早会得到领导的赏识。

(四)创新的可贵

生:我分在五星级宾馆的西餐厅实习,每天做的工作就是烧烤鸭子,真没劲!

师:真的是这样吗?

2011年,在北海香格里拉酒店有20名实习生,被分在西餐厅的明档上,每天重复着同样的工作,西点、水果、冷菜、热菜从来就是一个样子,用他们的话说:师父就是这样教的。但是来就餐的客人却越来越少。有一位同学由于想家,思念妈妈做的油豆腐圆子,就着现有的材料做了几个,放在明档上,结果一下子得到了客人的认可,由此引发了一场菜肴创新活动。在总厨的带领下,每个同学都做了一个特色菜,很多同学把家乡的小吃都搬出来了,花样多了,酒店效益倍增,得到了社会的认可,他们也因此成长为一个了不起的团队,受到实习单位领导的高度赞赏。

创新,是当前社会十分强调的一种工作能力。创新并不深奥,一般来说,面对新情况、新问题,作出新概括、提出新方法、理出新思路、寻找新角度、制订新方案的行为就是创新。

事实上,我们每天都在创新,因为我们在不断改变对世界的看法。我们开发出来的东西对于世界来说可能不一定是全新的,但对于我们自身来说却是独一无二的,这就足够了。

如何才能创新?创新能力源于不断学习。在工作中,只要积极主动地从工作过程中学习,并通过和他人分享知识来学习,就一定能创新。

在日本的一家味精公司,社长对全体员工下达了一个命令,要求每位员工必须提出一个建议,以保证公司能成倍地提高销售量。接到指示,各个部门都行动起来,大家都提出了各自的方案。就在大家积极行动并提出自己建议的时候,公司内有一位女工怎么都想不出办法,心里很着急。一天,在家吃晚饭时,这位女工想往菜上撒些调味粉,由于调味粉受潮撒不出来。她的儿子将筷子捅进瓶口的窟窿里,用力往上搅,调味品立即撒了下来。在一旁的女工的母亲说:"如果你实在提不出建议的话,你就把这个办法拿去试试看吧。"

"这算什么建议?"女工很不以为然,但她最后还是将"把瓶口开大一倍"这个建议报了上去。令人吃惊的事情发生了。女工提的建议竟进入了15件得奖作品之中,获得奖金3万日元。她的建议被实施之后,公司味精的销售额成倍提高,女工又从社长那里领取了特别奖。受宠若惊的女工想,提建议,本以为很难,原来这样简单的想法也叫建议。

看了上面的故事,你有什么感想?作为一名即将上岗的员工,从现在开始,用创意的眼光来重新认识身边的一切吧。

智慧心语

企业的发展,是由无数个大大小小不断的创新构成的,创新是企业生存和发展的生命线,同时也是我们生存和发展的生命线。企业要生存,任何时候都要进行创新,这样才能在行业中立于不败之地,因此,企业非常需要员工在自己的岗位上进行创新。

教师叮咛

实习指导教师提醒同学们每天都要做几件事:
1. 每天看到同事、领导要记得微笑打招呼。
2. 看到你周围的同事有困难时要伸手去帮一把。
3. 在工作之余,想个新点子解决我们实习工作中认为最麻烦的问题。

个别活动

1. 给爸爸妈妈打个电话,问声平安,了解他们每天的工作内容。
2. 检查自己有没有开始发牢骚,如果有,就是情绪开始波动了,要查查自己情绪波动的原因并和实习指导老师说说,他(她)一定会帮助你的。

三言两语

写几句实习的感受。

四、困惑期(3周左右)——想明白

实习指导

(一)学会迅速适应环境

生:本来我好不容易适应了这份工作,结果领导又让我到别的岗位工作,我像猴子一样给他们耍来耍去!

师:工作变动是常有的事,不管环境千变万化,也只能是我们去适应它,还记得那句话吗,"适者生存"哦!前面提到的实习生明明,就是总想让社会去适应他,所以他的职场生涯以失败告终。

下面让我们来做一个心理适应能力的测试:

1. 在每次考试时,若把试卷拿到一个安静、无人的房间去做,我的成绩可能好一些。
2. 夜间走路,我能比别人看得更清楚。
3. 每到一个新的地方,我往往会有一些诸如失眠、心烦、吃不好、拉肚子等的小毛病。
4. 我在正式考试或测验时所取得的成绩比平时的要好得多。
5. 尽管我已把演讲稿记得很牢,可是在讲演的时候却总要出些差错。
6. 如果有必要,我可以通宵达旦地工作和学习。
7. 夏天我比别人更怕热,冬天我比别人更怕冷。
8. 即使在混乱嘈杂的环境里,我仍能集中精力高效率地学习和工作。
9. 体检时,医生都说我心跳过速,其实我的脉搏很正常。
10. 会议上发言时,我比别人更镇定、更自然。
11. 当家人的朋友来饭店就餐时,我常常想方设法躲避他们。

12. 外出时,我能很快适应当地的生活。

13. 遇重大比赛时,场面越热烈,我的成绩越差。

14. 讨论问题时,我能流利地表达自己的看法。

15. 很多事情我更愿一个人做而不愿多人合作。

16. 考虑到大家要相安共处,有时我常不能坚定自己的立场或意见。

17. 在公众面前或面对生人时,我常有心跳加快的感觉。

18. 我能注意到应该注意到的细节,不管当时的情况多么紧迫。

19. 与别人讨论时,我常发觉自己没话说,但事后却常能发觉自己有很多理由能反驳对方。

20. 我正式的考试成绩常比平时的要好。

评分标准:

A. 很符合我的情况　　B. 比较符合我的情况　　C. 不能肯定

D. 不太符合我的情况　　E. 根本不符合我的情况

凡单号题(如1、3、5……),从A到E的选项答案分别记1、2、3、4、5分,即A(1分)、B(2分)、C(3分)、D(4分)、E(5分);凡双号题(如2、4、6……),从A到E的选项答案分别记5、4、3、2、1分,即A(5分)、B(4分)、C(3分)、D(2分)、E(1分)。

得分分析:

81—100分:心理适应能力 ★★★★★

你在面对新环境或者新岗位的时候,能很快让自己进入工作状态。你能很好地利用自己的优势,把握当前的利弊关系,把状态调整到最佳。比如,刚到一个新的岗位,你不会有太多的情绪变化,或者考虑到新工作的难处等,而会着手进入工作,不爱拖拉,心理素质很过硬。

41—80分:心理适应能力一般 ★★★

当你进入一个新环境时,需要一段时间来转换角色、调整心态,在这点上,你应该认清自己目前所处的真实状态,适当给自己一点时间适应新环境。建议要关注自己的情绪变化,多看看环境中对自己有利的一面,多向身边的人学习,对情绪进行自我调节。

0—40分:心理适应能力较差 ★

你的心理适应能力亟待提高。建议在面临一个新环境的时候不要太过心急，可以先冷静地思考一下如何顺利地转换角色，而不是莽撞地进入工作，可以罗列出一个清晰的表格，写上对当前情况的客观分析，比如原来的学习重点是什么，即将开始的新工作是什么，两者之间有什么联系和差异，对于这份新工作来说，自己的优势在哪里，如何继续发挥；不足在哪里，如何改进。对这些客观情况了如指掌后，你心里应该就有个很清晰的目标了，对今后如何开展工作也就比较有把握了，时间一长，就能让自己在变动的环境中不断适应环境。无论面对什么环境，相信在任何情况下自己都有解决问题和适应环境的能力。

（二）体累与心累

生：老师，我好累！工作中处处不顺心，周围人好像都跟自己过不去，觉得自己什么都不如别人……

师：这就是当学生和当职工的区别。作为学生，衣食住行父母都为我们安排好了，我们想怎么样就怎么样；而作为职工，是处处都要听从别人安排的。岗位很累，说明你是一个有用的人，如果你无事可做，告诉你，你的岗位不久将不存在了，你将是一个无所作为的人啰。

累有两种，一种是由于体力消耗没来得及补充，而另一种累与体力的消耗无关，即不做任何事也累，并伴有心烦意乱，这种累叫心累。前者睡一觉休息一下就好了，后者却需要对症下药，它就像一个结，这个结来自各个方面，最主要的是人际关系的和谐度出了问题。

也许，在校读书时，你是一个成绩优异的学生，但进入职场的你却处处碰壁：你不懂得如何与人交往，遇到问题时你不能控制自己的情绪，你会无端觉得自己不如别人，受到挫折时你会指责别人不能理解你，你甚至会抱怨命运不公，你觉得好累好累……别着急，每个初入职场的人，甚至是职场老手都会遇到这类问题，只要我们学会了如何应对，并能保持阳光心态，问题很快就会被解决的。

那么，如何调整好心态，打造自信的职场形象呢？你可以试试这样做：

1. 接纳自己的不完善，停止批评和责备自己。

2. 停止和别人比较,欣赏自己的独特性。

3. 珍惜自己所拥有的,学习使用积极正面的自我对话方式。

4. 列出自己的优点,每天早上读一遍。

请看看下面这个故事,也许会对你树立信心有所启迪。

艾森豪威尔幼年时常和家人一起玩牌。他的手气很不好,每次抓到的牌都很差,于是,他不停地抱怨。这时,母亲对他说:"你要懂得玩牌的意义,打牌,就是将你手中所握的那副牌,不管好坏都要打得淋漓尽致。人生也是一样,不尽如人意的事情十之八九,你要把自己所能掌握的环境和条件,发挥到极致。不抱怨,不逃避,也不期待着重新换一个环境。"二战期间,艾森豪威尔率领军队与德国纳粹作战,每到最艰苦的时候,他总是想到母亲的话,把自己所能掌握的一切条件发挥到极致,直到取得胜利。

其实,我们的人生就如我们拿到的一副牌,很多牌是我们不想要的,但我们无法调换和改变牌形,我们能做的,就是在现有条件下打好我们人生的这副牌。

(三)学会舍得

生:老师,你再给我们说说"舍得"吧!

师:一定要记住:在工作中,不要只做老板交代的事,工作中没有"分外事",力气用了又会回来。我们出的是力,得到的却是意想不到的收获。有些人做得很多,表面上好像很吃亏;有些人做得很少,看起来他们占了很多便宜。可是,事实是,人在吃亏的时候往往会收获周围同事和领导的认可,而占了便宜的人或多或少会失掉些什么。舍得,舍得,没有"舍",怎来"得"?

(四)学会忍

生:烦死啦,这个经理整天都盯着我们,动不动就拿很难听的话说我们,真是受不了啦!

师:是吗?当你听到很难听的话,说明自己真的有什么地方没做好,要想让别人把话说得好听,自己先要把事做好。事做好了,话自然就好听了,自己也就进步啦,不信可以试一试!即便把事情做好了,还有人说些不好听的话,那出问题的就是别人而不是自己喽。任何时候,都不能拿别人的错误来惩罚自己。更何况,在工作中,要想让所有领导和同事都像老师那样有耐心,这是不可能的。凡事能忍就忍一忍,因为更多的时候,有些气不是对着自己来的!

下面,老师就教你们几招培养"忍"性的方法:

1. 利用心智影像去平息心中的怒气:当自己觉得要冲动、愤怒或紧张的时候,想象自己跳入一个冰湖里畅游,或想象自己站在一个花坛下,让温度适中的水淋着。

2. 克制:在意识到自己快要发脾气的时候,可在心里默念"镇静""不要发脾气"等话语。

3. 借助外界的提醒和帮助:请亲人、同事、朋友一起监督、制约,及时提醒自己不要情绪激动。

教师叮咛

1. 弄清你的领导希望你怎么做?
2. 想想领导真的总是针对自己吗?
3. 初步了解职场中常见的"人物脸谱",试试以下应对策略:

认真型:不要把别人的认真当成是整自己。

亲切型:不要把别人对你的亲切当成是怕自己。

随和型:不要把别人的随和当成"无原则"、"好讲话"而得寸进尺。

挑剔型:不要把别人的挑剔当成是在恨自己。

不管你的领导是哪一类型,应对的方法也只有一种:做好自己的事!

个别活动

1. 自我感觉一下,你觉得实习工作累吗?是体累还是心累?体累就多休息,特别是睡好觉;如果是心累,请主动找你的实习指导老师谈一谈,他(她)会帮助你的哦!

2. 想一想自己是被动地做事还是主动地做事。标准:你所做的事是别人叫你去做的还是你自己去做的,如果是别人叫你去做的话,以后就尽量在别人还没叫你做前就把事给做完。

三言两语

自我检查:

1. 你有抱怨领导吗?
2. 当你的领导好讲话时,你是不是会得寸进尺?
3. 在实习中你被领导批评过吗?批评过后你是怎么想的?

五、平稳期(36周左右)——再提升

老师:你有感觉吗?实习时间已过半了哦!回头看看,半年来我们有什么收获?

实习生A:我用工资为自己买了一台手提电脑。

实习生B:我用工资为自己买了一部手机。

实习生C:我是搞服务工作的,自己出去消费,听到别人高叫"服务员",马上就想站起来,别人给自己找补零钱,接过钱差点就要说"谢谢,下次光临!"哈哈!

实习生D:我过去总与弟弟抢东西吃,现在回去我一定不会这样了!

实习生E:以前花父母的钱一点不心疼,现在自己有钱了,觉得来之不易,舍不得乱花了。

实习生F:在家我连自己吃过饭的碗都不去洗,我真想象不出我在实习单位洗碗都洗了半年,而且还成了师父。哈哈!

老　　师:这就是我们的改变,不要以为人的改变会是惊天动地的!你会在不知不觉中进步、成长,一切都在不知不觉中改变着。不知不觉地改变是一种方法,这叫水到渠成,还有一种改变是我们有目的地训练和改变,能做到有目的地"做",就是效果最好的一种改变。

实习指导

(一)职业道德训练"人生三立"

1. 立德:万事德为先。品德是做人的根本,道德是行事的根本。根本崩溃,万事皆空。

2. 立功:我们已是成年人,为国立功,这样说可能太大了;为企业立功,可能也太大了;但父母的养育之恩我们要报答,也就是为家立功、为自己建功立业,这样说,可能你会觉得现实得多。实际上,为国立功、为企业立功乃至为家、为自己建功立业这些都不冲突。你能为家做点什么?为自己做点什么?这个问题此时此刻该是我们要考虑的问题了,为自己规划一下吧!

3. 立言:从小处为自己树立独特的形象,你的言行就是你在社会上树立的形象,注意自己的言行,你再也不是小孩子了,你的言行是要对自己、对别人负责的哦!

(二)服务意识养成

中南海进门有一玄关墙,中央领导决定题些字上去,工作人员请来很多名人作诗赋词,中央领导们看来看去都不满意。最后,毛泽东大笔一挥,写下了"为人民服务"几个大字。

作为社会人,我们每个人都要和别人打交道,只要打交道,就有服务者和被服务者。如,乘坐公交车时,司售人员是服务者,乘客是被服务者;各行各业的从业者接待客人时,自己是服务者,客人是被服务者……我们既是服务者又是被服务者,为了让自己工作更出色,何不站在被服务者的立场上,多为他们考虑,提供最优质的服务呢!

究竟什么样的服务才是品质最高的服务呢?如果客户需要的是一把锤子,你却给他拿来一把斧子,那你的服务就是劣质的;如果你给客户一把方便耐用的锤子并免费赠送一些钉子,相信你的客户就会记住你所提供的"品质最高的服务"。

一位姓王的培训师讲过一个关于酒店枕头的故事。

由于经常穿梭于各个城市讲课，入住酒店就成为这位培训师的家常便饭。王老师这个人有个习惯，就是喜欢睡高枕头。他自我解嘲说，因为日常职业是教师，是"卖声"一族，工作劳累，当然希望"高枕无忧"了。

通常，在外地培训，王老师都是一个人住一个标准间，他就总是把另一张床上的枕头拿过来用，但第二天，客房服务员会把枕头放回原来的床上，长此下去，培训师觉得总是麻烦服务员，自己都不好意思了，于是就养成一个习惯，第二天主动把枕头放回原位。

后来有一次，王老师到了西南某城市的酒店，由于实在劳累，第二天起床后就把放枕头的事忘了，晚上回到房间，他却发现了一个小小的变化。首先，枕头变了，下面是一个普通枕头，上面是一个散发淡淡药香的保健枕头，而且比普通枕头高了一些。再一看，床头柜上有一盒喉宝，另附一张便条。便条的大意是：尊敬的客人，本酒店欢迎您入住，并感谢您能来本地授课……为表示本店心意，特送上一盒喉宝，如果您不喜欢这种口味的喉宝，请告诉我们，以便我们改善服务。便条落款是酒店客房部经理。

不能不说，整理客房的服务员是个有心人，她细心地发现了客人喜欢"高枕无忧"的习惯，在接下来的日子便提供了个性化的服务。不难想象，今后再到这个城市，培训师肯定还会入住这家酒店，而且，他还会介绍朋友入住。

看得出，服务意识的养成就在随时随地的工作中，就在细致入微的观察中，只要我们愿意做一个有心人，就一定能练就一身洞察一切客人需求、提供一切到位服务的真本领。

（三）个人修养

一个人的魅力，不是仅指其外表，更体现在他的言谈举止中，体现在他的品德、情操以及知识素养所反映的人格中。

一个人要想在工作中做到有礼有节、落落大方、端庄大度，就不能只做表面文章。因为，如果一个人胸无点墨、狭隘粗俗、没有起码的修养，只会让人感到矫揉造作，没有任何美感可言。

细节决定成败！一个人的素质和修养在很多情况下体现在细节上。行为养成习惯,习惯形成品质,品质决定魅力,因此,我们要从身边的小事做起,在工作和生活中学会识大体、拘小节,从自己的一言一行开始,提高个人综合素质,以营造和谐的工作、生活环境,从而成就自己的魅力人生。很多事实证明,凡是在品德修养上不断提高、不断进步的员工,一定是具有持之以恒和顽强道德意志的人。因此,只有不弃小善,才能积成大善;只有广积众善,才能养成高尚的品德。

1. 要能改过。职场是众人会聚之处,要想在职场中立足,每个人都不可能我行我素,要善于改变自己的诸多不足,如:说话不讲究艺术、直来直去很容易伤人,很难得到别人对自己的好感,而有些人对别人从来就没有赞美的言语,只有否定的指责,这也得不到别人的认同。又如:性格上的不足,嫉妒、冷漠、傲慢等,很难在职场中赢得好人缘。一个人只有不断完善自我,改言行、改性情、改心境……才能不断提高个人修养。

2. 要受得起。每个人的发展空间常常取决于他能不能"受",即受苦、受累、受气、受教……这是每个人在人生道路上都会遇到的事。受苦、受累、受气……人人都懂,我们先来说说受教。有些实习的同学会高估自己的能力,听不得别人教自己怎么做,通常我们说这种人不"谦虚",不谦虚的人学东西是学不到的。在职场中,我们还要学会"受气",如果一个人只能接受人家的赞美,这样是不行的也是不可能的。学会接受别人的批评、指导乃至"伤害",从一定意义上说,这样的人才可能成为人上人!

3. 要三思后行。不管做什么事,都必须三思而后行,多想想后果再去做事就不易犯错。学会冷静后、经过深思熟虑后再去做你想要做的事,激动时不要做任何决定。

4. 要敢说敢当。敢说敢当是一个人人格魅力的体现。当然,我们所说的敢说敢当,并不是指对领导、同事胡乱指责,什么坏事都可以做。有些人不敢表达自己的想法,有意见不敢在领导面前发表,而是私底下议论、发牢骚,遇事不敢当、不敢做,而不敢担当就不会负责任。其实,自己的很多想法可以很策略地提出来,别人是会接受的,并认为你很有思想。在现实生活中,有个别实习生对领导不满,自己不说,却煽动别人对领导不满,有些同学被煽动离开实习岗位后自己都不知是怎么离开的,回过头一看,别人还在

"丛中笑",自己也只能后悔当了别人的枪!

职场是一所大学,每个人要把它作为终身学习的场所。成功人士摸索出几条职场处世哲学,不妨看一看:锋芒不要太露;坦诚而不幼稚;诚实不做傻瓜;功高不能盖主;落难时找朋友;小人不要得罪;不玩"小聪明"。

教师叮咛

1. 查查自己有说三道四的毛病吗?如果有,请注意改正啰!
2. 看看你的朋友有说三道四的毛病吗?如果有,请好言相劝,劝他们改过来。

个别活动

1. 服务意识的提高训练:试试每天帮助同学或同事做一件小事,哪怕是举手之劳。
2. 找找你的同学和同事的优点并向他们学习。
3. 你为别人做过打抱不平的事吗?是当众的还是私底下进行的诚恳交流?正确的做法是后一种。

三言两语

假如领导对你大发雷霆,不论你对错与否,你的最佳应对方式是什么?请把它写下来。

小测试

测测你的个人修养,以下每一个问题用"是"或"不是"来回答。
(1)你对待服务于你的人是不是跟你对待朋友那样很有礼貌呢?
(2)你是不是很容易生气?
(3)如果有人赞美你,你是不是会向他说"谢谢"呢?

(4)有人做错了事或很尴尬时,你是不是觉得很痛快或很有趣?

(5)生活、工作中对同事、领导甚至是对陌生人,你是不是总面带笑容?

(6)生活、工作中你会关心别人吗?

(7)在你的谈话中,你是不是时常提到自己?

(8)你是不是认为礼貌很虚伪?

(9)跟别人谈话时,你是不是表面很注意对方,实际上心里在想自己的事?

参考答案:

(1)是。富有修养的人,不论是对什么样身份的人,都彬彬有礼。

(2)否。动不动就生气的人是修养不好。

(3)是。有分寸地接受他人赞美是一种做人的艺术。

(4)否。修养较差的人才会幸灾乐祸。

(5)是。微笑始终是你自己或其他人通往快乐之门的最好的入场券。

(6)是。关心体贴别人给人成熟感,这是有魅力的必要条件之一。

(7)否。那些经常大谈自己的人会让别人产生厌烦情绪。

(8)否。良好的风度和礼貌,是做人所必需而且应该有的自然反应。

(9)否。尊重别人的意见是一种礼貌。

如果以上答案你全回答正确,说明你的修养很好,回答有两条错误为良好,回答有三条错误为及格,回答有四条错误及以上为不及格,请你在今后的生活和工作中加强修炼!预祝你成为一个修养良好的人!

六、期盼期(8周左右)——摘果子

学生:我当师父了!今天来了新员工,领导让我带他们。

教师:好呀!说明大家进步了!

学生:怎么当好师傅呢?

教师:想想刚来时,你们对师傅的希望……

学生:明白了!严格而和蔼。

教师:很快吧?实习就要结束了!祝贺大家!我们要感谢实习单位给

我们提供实习平台。在实习过程中,我们尝到了酸、甜、苦、辣,感受到了人生的多彩,在大家的努力下,我们成功了!让我们来好好总结一下实习生活吧。

实习指导

(一)自我评价

由学生对自己的实习生活做出总结,实习指导教师为每位同学写出评语。

实习自我鉴定

为期一年的实习就要结束了,回想去年的此时,就好像是昨天的事,光阴快如飞,对比过去与现在的我,无论是从思想上还是从技能上都有了很大的改变。下面总结如下:

首先,通过实习,使我的人生观和价值观发生了一些改变,例如:过去我看到的想到的只有我自己,现在我才知道,世界上除了我,我的周围还有很多人,除了照顾自己的感受,别人的感受同样也很重要,有时还更重要,只顾自己的感受,很累!能顾及别人的感受才能真正使自己的感受发生反转。回想过去,我与妹妹争吃,与父母理论,与同学争高低,我感到万分惭愧!

其次,经过一年的实习,我了解了一些市场运作和经营的理念,我看到了我所学习的专业前景,我更爱我的专业了,有师傅们经验的启发,我要努力把工作做得更好。

在实习过程中,我每天不仅能按质按量地完成领导分配的工作任务,还在工作中学会了团结协作,互相帮助,在师傅和同事们的帮助下,我的工作能力大大提高。

过去,在学校上课时,我会睡懒觉,早上父母怎么叫我都不想起,因而经常迟到。在实习单位一年,铁的纪律养成了我守时的良好习惯,实习一年来,我没有迟到过一次,同学们都说我变化很大,我的体会是每每不想起来的时候,稍稍拿出一点点毅力来,就做到了,久而久之,习惯了就好了。

一年的努力没有白费,我在实习单位获得了同事们、领导们的认同,在岗位上我是岗位能手,并多次被评为星级员工,实习结束,还被实习单位评为优秀实习生,并同时获得了奖励。

但也有不尽如人意的地方,如:我还是有点懒和娇气,好问还不够,业余学习很少,让我感到了前途深不可测。我的未来是什么?我能成功吗?我……好多好多的问号,将成为我不断探索的课题。

在这一年的实习锻炼中,在实习指导老师帮助下,在师傅的耐心指导下,我体验到了职场的甜酸苦辣,我感到我的人生丰富了许多,感谢老师、感谢师傅,更要感谢培养我的母校!

实习生:
年　月　日

(二) 实习单位鉴定

由实习单位根据同学们的实际表现,为每位实习同学写出评语。

实习是否合格,有一个最简单的测评方法,那就是看一看实习单位还想不想留用你。有很多实习单位在还有三个月就要结束实习时,就开始陆续征求大家的意见了。征求意见有下面三种形式:

第一种:承诺给你提薪提职。

第二种:征求你的意见。

第三种:不征求你的意见,实习结束直接走人。

我想大家也看出来了,第一种情况表示,你在实习中的表现很优秀;第二种情况表示,你的实习成绩过得去;第三种情况表示,你的实习成绩不及格。你是以上哪种情况呢?如果是第三种,请找找原因,实习指导教师也能帮助你找的哦!

随之而来的,我们的烦恼也开始了。很多实习生都会感到,关于去留问题很难作出决定,原因有几种,罗列如下并附上参考意见:

1.想留下但又不甘心,因为外面的世界很精彩,也许自己能找到更好的地方。

参考意见:能找到一个自己满意别人也中意你的单位不容易,顺利完成磨合期更不易,是金子,在哪里可以发光。

2. 不想留,因为这里的管理太严格,工作太累,压力太大。

参考意见:管理不严格的企业,发展和前景上都会存在问题;工作很轻松则有可能这个岗位或企业将不存在。相反,压力是工作中的一种常态,任何人都无法回避。切实可行的做法是要用积极的态度去疏导、化解内心的压力,并将压力转化为自己前进的动力。最出色的工作往往是在高压的情况下做出来的,当你觉得有思想上的压力甚至肉体上的痛苦的时候,可能意味着巨大的成就将出现。积极起来吧!什么压力都不在话下。

3. 不想留但又不好意思说出口,怕领导给"小鞋"穿。

参考意见:更努力地做好现有的工作,同时,坦诚地向你的领导讲出你不想留的理由,取得领导对你的理解。

4. 想留,但实习单位又没有说留下自己。

参考意见:可以与领导沟通,请领导提出对自己的要求,争取在今后的日子里改变自己。

(三)学校鉴定

(四)师徒留念与建言献策

引导学生向师傅表达感谢之情,并向师傅提合理化建议。实习马上要结束了,我们要主动去谢谢师傅,报答一年来对你们的教导。你们已经有了一点小钱,可以和师傅合个影、请师傅聚聚餐,也可送点小礼品以表达谢意。气氛和谐的话,也可向师傅或企业提一点小建议。

(五)报喜

实习结束了,不管是成功还是失败,你又成长了,今后自己将何去何从,道路由自己选择了。你可以在实习单位继续工作,也可以另求发展,总之,天高任你飞!

经过一年的实习生活,想必你心中有了自己的打算。什么工作好,在哪里工作好……自己应该一清二楚。要知道：适合自己的才是最好的！但首先必须有自己的信念，自己喜欢什么？自己的能力如何？从双方面去选择才能如愿的哦！

请你找机会与你的师父和领导道别，感谢他们一年来对自己的培养和教育，常言说：一日为师终身为父，懂得感恩才是一个懂道理的人，相信我们对生活都有一定的认识，祝大家前程似锦！当然，也别忘了向爸爸妈妈报平安！报喜！

教师叮咛

实习完成了，或就业或升学，新的人生即将开始。就业的同学面临着职业生涯起步的问题，没找着工作的同学可以毛遂自荐，自己找企业，向他们说出想留下来工作的想法。

个别活动

1. 主动听听领班、主管、经理对你的评价，为下一步找工作做准备。
2. 调整自己的职业生涯规划。

三言两语

1. 书写实习自我鉴定。
2. 写出你能做什么，你喜欢做什么。
3. 实习评价

经历了好多好多的事，尝过了酸甜苦辣，你的辛劳没有白费，你过关了，你成长了，请你写出自己一年的实习总结。

自我总结要从德、能、勤、绩四方面进行考虑，总结自己在实习过程中的主要收获是什么，不足是什么，今后努力的方向是什么……

（1）德：爱岗敬业、吃苦耐劳、服从工作安排、团结协作、待人接物、劳动纪律等。

(2)能：工作能力、技能水平、完成任务情况等。

(3)勤：出勤情况。

(4)绩：取得的工作成绩、获得的奖励，同事、领导的认同程度等。

_____学校学生顶岗实习鉴定表

姓　　名		实习单位	
实习岗位		学生电话	
主管电话		实习表现	优　良　及格　不及格
实习时间	年　　月　　日至　　年　　月　　日		
变动情况			
奖惩情况			
自我鉴定			
指导教师意见			签名：　年　月　日
实习单位意见			签名(盖章)：　年　月　日

如果你能顺利通过实习，请将本页揭下来，交给实习指导教师加盖学校公章寄给你的父母向他们报喜。

征稿启事

中等职业学校"职业指导"丛书共6册,每学期1册,首版每册暂设16个主题。

丛书主题的设计采用开放式,各校或任课老师可根据教学实际把自己学校富有特色的职业指导案例补充进来,出版社每年将选取有推广价值的案例结集出版。

来稿请发至下列电子邮箱中:xinjiaocaitougao@sina.com。

来稿一经采用,作者将享有署名权和获得报酬权。

旅游教育出版社

中等职业学校职业指导丛书
中等职业学校德育必修课《职业生涯规划》延伸读本

Common Courses
公共课

栽培大树 收获硕果
实习指导教师工作手册
（供第三学年用）

陈怡君 谭小芹 著

北京·旅游教育出版社

责任编辑:景晓莉

图书在版编目(CIP)数据

栽培大树 收获硕果:实习指导教师工作手册/陈怡君,谭小芹著. —北京:旅游教育出版社,2013.1

(中等职业学校职业指导丛书)

ISBN 978-7-5637-2508-3

Ⅰ.①栽… Ⅱ.①陈…②谭… Ⅲ.①职业选择—中等专业学校—教学参考资料 Ⅳ.①G717.38

中国版本图书馆 CIP 数据核字(2012)第 263545 号

中等职业学校职业指导丛书
中等职业学校德育必修课《职业生涯规划》延伸读本

栽培大树 收获硕果
实习指导教师工作手册
陈怡君 谭小芹 著

出版单位	旅游教育出版社
地 址	北京市朝阳区定福庄南里1号
邮 编	100024
发行电话	(010)65778403 65728372 65767462(传真)
本社网址	www.tepcb.com
E-mail	tepfx@163.com
印刷单位	北京科普瑞印刷有限责任公司
经销单位	新华书店
开 本	787mm×960mm 1/16
印 张	2.75
字 数	29千字
版 次	2013年1月第1版
印 次	2013年1月第1次印刷
定 价	48.00元(全6册)

(图书如有装订差错请与发行部联系)

序

职业生涯规划是中职生的德育必修课,是职业指导教育的重要内容,是教育部《中等职业学校德育课职业生涯规划教学大纲》规定的国家规划教材的重要教学内容。

陈怡君是职业教育战线上的一位老同志,也是一位勤勉知名的中等职业学校校长。她在从事学校教育工作中,关注学生职业生涯规划,不断学习、不断探索、不断实践,主编了这套《栽培大树　收获硕果》中等职业学校职业指导丛书。读之,颇受启发。

该丛书内容实,注重学生职业生涯规划的实效性和长效性。教材编写遵循贴近实际、贴近生活、贴近学生的原则,根据学生特点和用人单位对人才的要求,选取了16个基本的学生素养主题,分别从职业信念、职业选择、职场礼仪、职场规则和职场成功五个方面给学生"讲述故事",用"智慧心语"引导学生。所讲故事都是根据真实的生活而创编,鲜活而通俗易懂,如"夹心饼干"、"没有笨老板"、"不能说的秘密"、"莫做小人"等,内容真实,感染力强,有利于引导学生正确地看待社会和个人,有利于学生自强不息,引导他们在心理归属上尽早融入社会。

该丛书适用性强,教学方式方法灵活多样。就使用对象而言,班主任、科任教师、年级组长、德育主任、教研室主任、专业部长等都可使用,覆盖人群广泛;就使用时间而言,长可一节课,短则课前5分钟即可讲完,使用单位可根据教学目的和教学需要,灵活掌控,时间可长可短,非常便利;就教学组织的方式方法而言,既有面向群体的引导,也有个别活动环节,能够充分调动学生的多种感官,让他们在活动中听故事、想问题、说想法、看影碟、唱歌曲、写体会、练本领……

该丛书视角新,对顶岗实习期间的学生如何做好职业生涯规划进行了

有益指导。实行校企合作、工学结合、顶岗实习,是职业教育改革发展中带有方向性的问题,而当前论述顶岗实习过程中职业生涯规划的书很少,对中职学生毕业后走向社会的职业过渡关注不够。陈怡君同志作为中职学校的管理者和实践者,关注到顶岗实习过程中的一些问题,提出了指导学生做好职业生涯规划的个人见解,对从事职业生涯规划工作的同志有一定的借鉴意义,为缺乏实践经验的年轻教师指导中职生进行职业生涯规划提供了有益参考。

　　该丛书立意高,注重体现职业教育的人才强国战略精神。职业教育是国家经济社会发展的重要基础和教育战略重点,承担着培养数以亿计的高素质劳动者和技能型人才的重要任务,中职毕业生在我国社会主义现代化建设中更是发挥着不可替代的重要作用。该丛书关注到了对这类人群的培养培训和职业生涯规划,定位科学合理,正如书名"栽培大树　收获硕果"所展示,其立意是深远的。

　　我曾经考察过陈怡君同志所在的学校,对学校和她本人都有所了解。现受其嘱托,写了以上的话。

　　是为序。

国务院参事:黄尧[①]
二〇一二年七月二十日

[①] 编者注:黄尧,职业技术教育中心研究所所长,曾任国家副总督学、教育部职业教育与成人教育司司长,高级经济师,长期从事职业教育与成人教育政策研究和实践。

前 言

自教育部《职业生涯规划教学大纲》（教职成[2008]7号）颁布以来，各职业学校的职业指导教育工作得到了具体推进，36课时的教学计划在第一个学期实施很好。如何在巩固第一学期职业指导教学成果的基础上，保证职业生涯规划教学工作的实效性和长效性，是时下职业教育工作者需要认真思考的课题。

我们根据社会需求和用工现状，经过探索和实践，为职校生量身定做了这套《栽培大树　收获硕果》职业指导丛书。编写这套丛书的出发点和落脚点，是要长期有效地培养学生的职业意识和职业道德，在潜移默化中帮助职校生规范和调整自己的行为，引导其正确看待社会和个人，把自己放在合适的位置上，使职校生提前在心理归属上融入社会、在价值取向上认同企业、在行为特征上接近企业，为顺利就业、创业奠定基础。

该"职业指导丛书"共6本，每学期1本，每本暂设16个主题。丛书可与国家规划教材同时使用，使用中以国家规划教材为主、以丛书为辅。学校可安排各相关部门利用一切机会和闲散时间，点点滴滴把对学生们的职业指导渗透到每个学期中。班主任可利用晨训时间、读报时间、班会课时间以及课余时间使用本套教材；德育课教师和科任教师可在课前5分钟使用本套教材；年级组长、专业部主任以及团委、学生处等相关部门可用书中材料开展团体性活动，如礼仪比赛、主题辩论赛、成才报告会等。具体使用时，可通过先讲故事后提问的方式，也可根据主题发问，还可利用学生身边发生的正反两面的实例导出话题，引导学生去思考、去观察，从而激发起学生的学习兴趣和热情。

丛书主题的设计采用开放式，各校可根据教学实际把自己学校富有特色的职业指导案例补充进来，出版社每年将选取有推广价值的案例结集出版。

该"职业指导丛书"的1~4本供一、二年级使用,5~6本供三年级使用。第5本为学生顶岗实习指导用书,第6本为顶岗实习指导教师用书,教师用书中附有各类表格,各校老师可根据需要复印。

1~4本用书中安排了"个别活动"模块,设计了"看看影碟""唱唱歌曲"等教学环节。为方便使用,我们将这些环节涉及的影片、歌曲全部分类收录在了一起,有需要的学校或老师可免费索取。索取联系QQ号为:"1549244993 旅游教育社"。

本套"职业指导"丛书有以下特点:

1. 注重实用。前四册书分别从职业信念、职业选择、职场礼仪和职场成功四个方面入手,根据学生特点和用人单位对人才的要求,遵循贴近实际、贴近生活、贴近学生的原则,选取了16个基本的做人素养主题,通过"讲述故事"的形式呈现给学生,然后用"智慧心语"予以引导。故事都是根据真实的生活而创编,鲜活而通俗易懂,如"夹心饼干"、"没有笨老板"、"不能说的秘密"、"莫做小人"等故事的创编旨在启发学生思考职场生存发展的大智慧。

2. 注重实效。为了避免职业指导教育出现"虚效"和"无效"的窘况,本套丛书根据学生身心特点,对学生的体验教育、养成教育予以了特别关注。1~4本书借助于讲述故事这种学生喜闻乐见的方式呈现每个主题,下设群体引导、个别活动环节,运用疏导、参与、讨论、练习等方法调动学生的多种感官,让他们在活动中听故事、想问题、说想法、看影碟、唱歌曲、写体会、练本领,以增强活动的吸引力和感染力,提高职业指导活动的实效性。

3. 注重发展。本丛书在各主题内容的编排上均以学生的发展为中心,注意与学生认知水平相匹配、与学生生活体验相适应、与学生关注点相一致,引导学生正确面对他们成长过程中的彷徨与困惑,如第3本书里的"不能说真话时请保持沉默"、第1本书里的"做到与得到"……无不向学生传递着面对困惑如何正确行事的信息。丛书还通过故事情节的设计注入时代发展的特性,如第1本书里的"功劳与苦劳"故事主人公——会计老王忍痛丢下算盘学习电脑做账,道出了时代与行业的发展要求个人也要与时俱进的

道理。

4. 注重实习。顶岗实习是中职学校教学的重要环节，是学生走向社会的过渡期，实习成效的好坏，对学生、对学校都至关重要。第5本、第6本书根据学生在企业顶岗实习中出现的常见问题与对策而编写，一本是给学生看的，一本是实习指导教师用的，这是我们反复思考、反复实践的结晶，特整理出来与同人们共享。第6本书附录中有三款表格，蹲守在实习点的教师可用月表；在学校周边管理实习的教师可用旬表；至于通信联络表，两类教师都可使用。

该"职业指导"丛书共6本，第1本由陈怡君、刘涛、许丽琳担任主编，由王洁、苏俊华、唐琳、张丽莎、龚金玉、陈宇担任副主编；第2本由陈怡君、闭春桂、龚金玉、许丽琳担任主编，唐琳、张丽莎、王洁、苏俊华、陈宇担任副主编；第3本由陈怡君、龚金玉、陈宇担任主编，苏俊华、王洁、唐琳、张丽莎、许丽琳担任副主编；第4本由陈怡君、陈宇、赵涛担任主编，张丽莎、唐琳、王洁、苏俊华、龚金玉担任副主编；第5本、第6本由陈怡君、谭小芹著，余俊、韩勇、陈莹、闭春桂、尹晶参与了部分编写工作。

本丛书是一线德育工作者辛勤耕耘的作品，老师们爱教爱生之心很热，爱教爱生之情很真，我们把这真心实意融入每本书的编写中，希望用它起到抛砖引玉的作用，引起广大职教同人对职业生涯教育实效性和长效性的关注。

在丛书的编写过程中，我们从互联网上选取了一些素材，因作者不详，无法一一列出，在此一并表示最诚挚的谢意。

受作者水平所限，书中一定有不少错漏，敬请专家同人指正。

作者

目 录
CONTENTS

阶段一　实习准备（1 个月）

一、明确职责，磨刀擦枪 …………………………………………………………… 4
二、写好一封致家长的信 …………………………………………………………… 4
三、做好实习动员报告，介绍企业状况与管理特点 …………………………… 6
四、组织学生学习实习管理规定 …………………………………………………… 10
五、教师自学本校实习管理的相关文件 …………………………………………… 10

阶段二　实战指导（11 个月）

一、兴奋期的引导（2 周左右）——陪着学生看热闹 …………………………… 14
二、进取期的引导（3 周左右）——领着学生看门道 …………………………… 15
三、波动期的引导（2 周左右）——鼓励学生抗得住 …………………………… 16
四、困惑期的引导（3 周左右）——引导学生想明白 …………………………… 17
五、平稳期的引导（36 周左右）——夸赞学生再提升 …………………………… 20
六、期盼期的引导（4 周左右）——带着学生摘果子 …………………………… 21

阶段三　总结(1个月)

一、听取实习单位领导对实习生的评价 …………………………… 24
二、转达实习单位领导对实习生的评价 …………………………… 24
三、指导学生进行自我鉴定 ………………………………………… 24
四、给学生写实习鉴定 ……………………………………………… 25
五、给家长写一封实习情况汇报信 ………………………………… 26
六、师徒留念 ………………………………………………………… 27
附表1：实习指导教师蹲点情况记录月表 ………………………… 28
附表2：实习指导教师下点情况记录旬表 ………………………… 29
附表3：实习指导教师电话联系学生情况记录表 ………………… 30
征稿启事 ……………………………………………………………… 31

学生的顶岗实习马上就要开始了,我们即将成为他们的实习指导教师,成为他们人生旅途中的指路人,成为把他们扶上战马的人。

　　顶岗实习是一个人从学生角色向职业角色转换的过渡期,学生的问题会很多。如工作的强度与密度、岗位要求的严格度,工作内容与社会关系的复杂度等,对学生都是不小的挑战。如何引导他们顺利地通过顶岗实习这一关呢?我们可以尝试从准备、实战、总结三大阶段有的放矢地分步推进我们的工作任务。

阶段一 实习准备(1个月)

一、明确职责，磨刀擦枪

学生现状分析：即将步入社会，他们显得特别兴奋，脸上挂着笑，说话也大声了许多。

我们的任务：全程指导学生顶岗实习，学生第一次离开学校，离开家，离开他们熟悉的生活环境，会有诸多不适。实习指导教师既要指导学生独立生活，又要指导学生学习在社会上生存的本领，还要指导学生提高岗位实践能力和专业技能与技巧。实习指导教师既是学生的父母又是学生的老师。不得不说，我们的工作任务重且责任大，我们要有足够的心理准备。

学生在实习兴奋时期，实习指导教师可以适当给他们泼点冷水，如："别高兴得太早，实习不像在学校，又累又苦"，"单位的领导说话没老师那么客气，到时别哭着回来哟"，等等。这样做有两个好处：一是先给学生一个心理准备，学生在实习中碰到了烦心事，受挫折了，就可以再次告诉他们："这就是社会，能顶过去的话，你就是最棒的。"二是给意志坚强的学生以"激将法"，当他们遇到困难时"我一定行！"这种潜意识就会跳出来，帮助他们去承受工作上的压力。

二、写好一封致家长的信

实习指导教师要写好一封致家长的信，在信中告知家长学生的实习任务就是在企业中学习做事与做人，说清楚孩子岗位的工作性质、时间、地点、校规和企业制度，让家长正确对待孩子的实习，取得他们的全力支持。信中告知家长学校联系电话以及实习指导教师电话，并请家长留下联系电话以便日后与家长取得联系。要让家长感受到，孩子虽说是在外实习，有学校和老师为他们"护航"，是放心的。

致家长的一封信

尊敬的家长:您好!

在春去夏来的时节里,首先祝您和您的家人安康、万事顺意!

感谢过去两年中您给予我校的大力支持和配合,本学年将结束,也即将迎来贵子女在我校的第三个学年。第三学年的学习是顶岗实习,也是非常重要的理论与实践相结合的学习,是孩子们学业成绩的重要一课,因此,我们期待着您与我们密切的合作。

顶岗实习是贯彻国家职业教育方针,培养应用型人才,使学生受到专业技能训练的重要教学环节,是教学计划的重要组成部分。通过顶岗实习,可以让学生了解现代企业运作及用人要求,提升学生就业竞争力和自主创业意识,学会与人相处、与人合作等,使孩子们能在纷繁复杂的社会中站稳脚跟。

由于孩子初入社会,难免会出现诸多不适应,这是正常的现象,请您配合学校做好孩子的调适工作,给予他们多一些鼓励和指导。如刚上岗会感觉很累而向您诉苦,请您"心狠一点",多鼓励孩子们;又如企业管理严格,孩子们会向家长诉苦,希望您能给孩子们开导开导,鼓励他们学会"受气";再如娇气点的孩子想念父母,会提出在实习单位吃不好,睡不好……请您告诉他们,雏鹰长大以后,一定要自己飞翔,在妈妈的怀里是长不大的。相信具有丰富社会经验的您,会是他们最好的老师。

实习期间,学校也会按规定配备实习指导老师,对学生进行全程实习管理,您孩子的实习指导教师是_____老师,电话_____。实习单位也会有专人管理孩子们,学校会与之密切沟通了解孩子们的状况。

我们相信有孩子们全身心的投入,有您的参与和支持,有学校的全程管理,这次的顶岗实习一定能取得成功!

再次感谢您的支持!预祝您的孩子实习成功!

祝您工作顺利!

年　月　日

三、做好实习动员报告,介绍企业状况与管理特点

1.由分管副校长或专业部负责人与实习负责部门联合做好实习动员报告。下面列举的是某所学校的一份实习动员报告。

××学校××专业实习动员报告

同学们,大家准备好了吗?我们即将从一名学生转变成一位员工,可能有些学生还没有真正意识到,这个过程就好像虫蛹变成美丽的蝴蝶一样,是一个蜕变过程。既然是蜕变,就会伴随着阵痛!因为,实习不像在家,可以我行我素;实习不像在学校,犯了错可以重来;实习不像玩游戏,死了一次还有九条命;做好准备,我们会感觉很苦:一是上班的时间会很长,每天8个小时少不了,通常还要加班或培训学习;二是重复做那几件事,还有要做自己不愿意做的事;三是纪律很严格,不讲情面,领导们不像老师那么耐心,工作成效还与每个月的收入挂钩。扪心自问,我们过得了这几关吗?过得了,我们就是好样的!

一年的实习时间,在历史的长河中,只是一个瞬间,但在我们一生的成长中,却是极其关键、重要的一年,在这一年里,我们学的东西对我们今后的影响可大哦!

我们在顶岗实习期间要学的东西很多:学习专业技术、积累工作经验、学会与人交流沟通、学习责任感、学习吃苦耐劳精神、学习团队协作等,为今后更好地就业和创业打下良好的基础。学生,努力啊!为了大家能安全顺利地完成实习任务,老师送给大家几句话:

明确目的、主动适应;

严格要求、遵纪守法;

虚心求教、见事做事;

加强沟通、紧密联系;

相互团结、乐于互助;

团队精神、共同进步;

安全第一、保护自己。

请同学们时刻用这几句话鞭策自己,最"痛"的就是这个时候,但最美好的人生也在这个时候开始,鼓起勇气走出去,在大风大浪中锻炼吧!

年　月　日

2. 由实习处、专业部或班主任向学生介绍实习企业的情况与特点,介绍往届实习学生的业绩。

(1)向学生介绍本专业所在行业的发展前景。

(2)介绍实习企业的情况,同时,让学生自己通过网络、同学或亲友了解企业的情况与特点,以有助于他们对企业有较多的前期了解,建立对实习的信心。

(3)晋升方法与通道引导。我们要引导学生根据行业、企业的发展情况、个人晋升管道,确定个人努力的方向,明白个人应怎么努力可得到较好的发展。让学生心中有目标,不糊里糊涂过日子。以下是会计专业的晋升阶梯,仅作为参考。

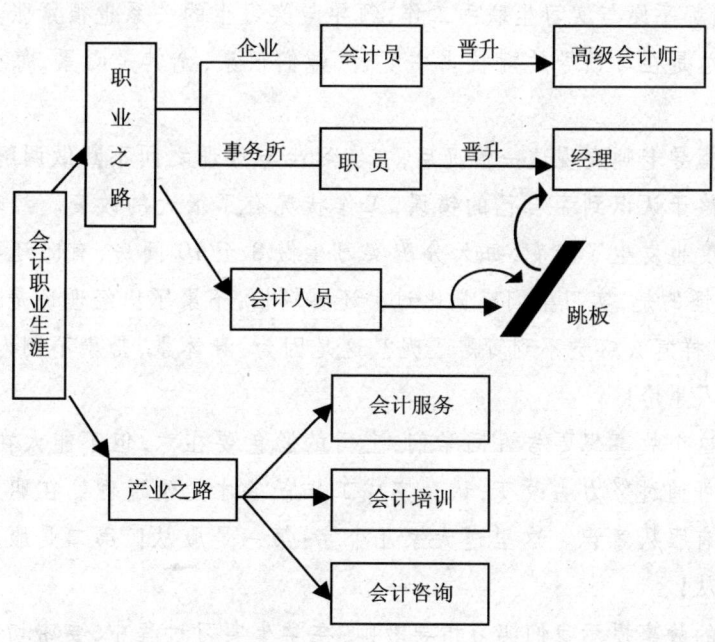

会计行业的晋升阶梯(来源:黄艳芳《中职班主任专业化成长》PPT)

(4)向学生讲述实习生的故事,让生动的事例影响与激励他们顺利地完成实习课程。现举几个例子如下:

【例一】实习生与领导之间发生的故事

在北京某酒店,有8位实习生在客房实习,初上班,经理念及她们是学生,很是照顾。工作一段时间以后,经理认为也该适应了,就对她们严格起来,实习生们一下很难接受,认为是领导有意在"整"她们,因此处处联合起来与经理作对,上班时间只要领导不在,她们就在客房里看电视、吃东西、睡觉等,整天"磨洋工",每天每人打扫客房不到三间。经理看到这里,也使了一招:你不做可以,完不成任务你就别下班!矛盾不断升级,关系越来越紧张。结果是几头不讨好:从工作时间上看,实习生们用了整整一天,每天都是加班到最晚才回宿舍,延时工作还没有加班费;从工作量来看:她们每人每天的工作量还不到规定工作量的一半,真是"两败俱伤";从人际关系上看,同事们都不愿与实习生联手工作,领导与实习生的关系也很紧张。实习生们每天总是在与领导的对抗当中度过,她们很累,尤其是心累,每个人都挺难过的。

实习指导老师发现这一情况后,在实习生与经理之间不断做调解工作,实习生们终于认识到了自己的错误,工作状况有了很大的改变。经理对实习生的态度也发生了转变,每天分配实习生做8至10间房,有时还要加到12间。奇怪的是,实习生们感觉比过去还要轻松,不累了!经理还是这个经理,她的模样怎么感觉不到可恶了呢?这是因为:身体累,是累不倒人的,心累就会把人累垮!

通过这个故事想要告诉同学们,上司的脸色要在意,但不能太在意,何况一切皆可通过努力去改变,认真完成工作任务才是硬道理!在职业生涯中一定要有服从意识。这里送大家几个字:第一是服从!第二是服从!第三还是服从!

例一的故事提示我们实习指导教师:在学生实习过程中,要密切关注实习生与领导之间的关系变化,有了问题要及时调解,实习生与领导之间的关系融洽,是学生实习顺利过关的基本保证,也是学生以后在职场中生存的基本保证。

【例二】实习生与同事团结协作的故事

独生子女清清被调岗调到了洗碗间,觉得很委屈。你想啊:在家连自己的碗都不洗,现在整天要面对一大盆脏兮兮、油腻腻的碗,谁受得了啊!更何况,进入11月份的北京天气开始转冷,想想就不愿意做,越不做碗就堆得越高。清清的心比天气还冷,泪水顺着冰冷的脸往下流。老员工张阿姨看在眼里,马上招呼两位实习生和两位老员工,一起上前齐动手,只一转眼儿的工夫,堆着的脏碗一下就不见了!清清说不出的感激。这事之后,清清也学会了帮助别人,到处都可见她接过老员工姐姐收来的脏碗,帮助经过洗碗间的传菜哥哥让开一条较宽的路,她学会了一个独生子女在家里难以学到的东西,她在一个很不起眼的岗位上得到了同事、领导们不同凡响的好评。用清清自己的话来说:"其实,当时就是觉得太难了,那么冷的天,那么多的碗,怎么洗得完呢。现在我才知道:只要不停手,事情只会越做越少,不然,事情就会越堆越多。我很感谢在我迷途中帮助过我的阿姨,今后我也会努力地帮助需要帮助的人!"

【例三】实习生工作中爱岗敬业走向成功的故事

在某新景区实习的张艺,实习结束后在单位通过实力竞争被聘到了导游岗位,做了一名同学们很羡慕的导游。其实,当初由于他体型较胖,实习单位对其能否胜任导游工作提出了异议,由于急缺人想着他是实习生,又不会干很久,最后以"试一试"的心态留用了他。张艺同学每天干完了导游的本职工作后,看到餐厅很忙,就主动去帮忙,洗碗、扫地什么都干,天长日久,领导们就把"试一试"给忘记了。一年过去,实习结束了,别的实习生都离开了,包括很多外形条件好的,只有他一个人留下来当上了导游,不久,单位还任命他当上了导游部的经理!

这个故事告诉我们:一个人的外在条件在某些时候是有优势,但这种优势不是永恒的,只有埋头才能出头。新单位是会艰苦些,但个人发展的机会会大一些。

【例四】实习生乐学好学走向成功的故事

在某市香格里拉酒店实习的同学吴丽,最开始被分到客房部,一次偶然的机会,吴丽在客房看到花房的花工摆插鲜花,由于好奇,下班后她去了花房,那是一个充满芬芳的地方,她十分喜欢。在得知花工很忙后,吴丽就在工余时间帮助花工做一些活,自己顺便也学学插花技术。后来,吴丽成了花房的一员,由于她刻苦学习,很快就能负责整个酒店的鲜花护理和客房的插花服务工作了。实习结束前,酒店为了留住她,给她提职提薪,并派她参加了各种各样的学习,使她的插花技术大幅提高。两年过去了,吴丽与酒店签订了协议,承包了花房,再后来,她离开酒店,自己开了一个鲜花房,其中一项业务就是给五星级酒店进行鲜花和绿色植物护理。现在,吴丽拥有一个10名员工的大花房,她还准备开几家连锁店。她的目标是公司能成为上市公司。

这个故事告诉我们,兴趣是最好的老师,在创业的路上,有兴趣做伴,会多一些轻松与快乐;好学与实践是成功的秘诀。

四、组织学生学习实习管理规定

组织学生学习实习管理规定,让学生明白规矩,特别是要告诫学生在实习中不可触碰的高压线政策,如撤离实习岗位、旷工等。让学生了解实习的政策法规,思想上与上级保持一致。

"学生实习守则"参见"学生顶岗实习指导手册"。

五、教师自学本校实习管理的相关文件

下面列举了某所学校的管理文件仅供参考。

实习指导教师工作职责

一、实习指导教师全面负责实习工作,根据实习大纲及实际情况制订实

习计划,认真落实实习前的各项准备工作。

二、与实习单位联系,安排实习师生的生活、交通出行等事宜。

三、协助实习单位对学生进行日常管理,对学生进行纪律、安全、保密、爱护公共财产等教育,制订切实可行的措施,保证实习顺利进行。

四、实习过程中要加强指导,深入实习现场,要做到与学生同吃、同住、同工作(指导学生工作)。在市外驻点管理的老师每次管理时间一般为3个月或6个月。管理市内实习点的老师具体要求如下:

1. 每月至少到所管理的全部实习点两次;及时从实习单位和学生本人两方面了解学生的实习情况,如实填写"下点情况记录表"(下点记录表中必须让学生代表和单位代表签名),并于每月5日前将上月实习情况汇总报招就处。

2. 每学期至少与所管理的全部实习学生的家长电话联系一次,向家长如实通报学生的实习情况,同时了解家长的各方面意见,并于每学期最后一周前汇总报招就处。

五、了解和处理实习中的各种问题,加强与实习单位的联系,尊重实习单位的意见,定期向学校及实习单位汇报情况。

六、实习结束后,会同实习单位的管理指导人员,做好学生的成绩评定工作,组织学生做好实习总结,写好教师实习工作总结,书面向所属部门报告。

前期的这些动员准备工作,都是您今后工作的最有用的铺垫,可不能马虎哟!

阶段二　实战指导(11 个月)

通过多年的顶岗实习观察,学生在实习中的情绪波动通常可分为六个时期,即:兴奋期、进取期、波动期、困惑期、平稳期、期盼期。

一、兴奋期的引导(2周左右)——陪着学生看热闹

学生刚到企业看什么都新鲜,老师要陪着他们看热闹并时时告诫和引导他们:

(一)服从是第一位的事情

1. 告诫学生服从是职员的天职。特别要提醒学生干部,他们平时习惯了当指挥官,在实习单位角色的转变会让他们不适应。从以往的经验来看,学生干部因不服从领导安排,被实习单位退回的概率是很高的,因此告诫他们学会服从至关重要。此类事还会发生在性格刚烈的学生身上,要提前防范。

2. 告诫学生不可擅自歪曲和更改上级的意图。因为这也是不"服从"的一种表现,什么事都要通过大脑想一想,不要"跟风起哄"等。有些学生工作累了,就会附和着别人乱喊,造成不良后果。

3. 告诫他们多从上级的角度去考虑问题。从以往的经验中我们发现,学生无论出现什么事都不会首先审视自己错在哪?而是首先怪领导不好,我们在指导学生实习过程中,要帮助他们换位思考,明白因为自己错在先,才会造成领导后来的批评。凡事不要只从自己的得失上去评判是非,要多站在上级领导的角度去考虑问题。

(二)引导性格外向的学生

性格外向的学生容易与人沟通,大多能在第一时间给企业领导好印象,但由于过于情绪化,时间一久,给领导的印象往往不如从前,因而会给学生带来失落感。当领导表扬他们的时候,我们实习指导老师有责任告诫他们,如何更踏实地工作,要把他们往沉稳上引导。

(三)引导性格内向的学生

性格内向的学生不善言表,不能在第一时间给领导好印象,我们可以帮助他们,向领导介绍他们的过人之处,如做事比较踏实。此外,性格内向的学生有事总放在心里,他们不出问题则已,一旦出问题就会是大问题,因此我们要经常关注他们,要与他们交朋友,让他们信任自己,为今后的工作打下良好的基础。

当然,不管是什么性格的学生,都要告诫他们:"服从是天职。"

二、进取期的引导(3周左右)——领着学生看门道

在学生对企业的新鲜感还没有消退前,我们要引导学生学会看企业的门道。我们要告诉学生,他们是企业的明天和新星,是企业要当成大树来栽培的对象。

1. 引导学生观察企业是怎么经营的,切身了解企业文化的内涵、企业的机制等,学会用一个老板的眼光审视企业,换位思考"假如我是老板,我会怎么选择员工"等经营管理的问题。

2. 有针对性地引导学生通过自我盘点清晰地了解自己的优势与潜在的弱点、性格与天赋,自己适合在哪些方面展现自己。尽量做到扬长避短,自信而不张狂。告诉学生低调做人、高调做事的道理。

3. 向企业了解学生会被分配在什么岗位,每个岗位特点是什么?配合企业做好学生的分岗工作并做好学生吃苦耐劳、工作主动、礼貌对人等方面的先行引导工作。

4. 与企业领导沟通,交流指导学生的心得体会。我们在做学生思想工作的时候,企业里不知有多少双眼睛在看我们是怎么教学生的,如果我们按照企业的要求对学生严格管理,他们就会认同我们的工作,只有他们认可了我们的工作,以后的工作就好做了。

5. 细心查看企业各层管理上的不足,委婉地向企业领导提出建设性意见,让企业领导感觉实习指导教师不是来白吃饭的,如果让他们依赖于我

们，我们就成功了。记住：企业的领导也是人，他们也需要别人的帮助！

如果以上几点我们都做好了，我们在企业中讲话就有分量了，这时可以择机建议企业组织实习生进行一次当地名胜旅游。能做到这些，我们就可以成为学生与企业间真正的"桥梁"了。

三、波动期的引导(2周左右)——鼓励学生抗得住

培训过后，开始正式上岗了，学生们像正式员工一样上下班，开始还行，随着时间的推移，他们会感觉到工作越来越单调、枯燥。过了一个月后你会发现：学生与来时有了很大的变化，有些脸上没有了笑，有些性格外向的学生最早开始发起牢骚来："好烦！""我们与打工的有什么区别？""经理专门整我们实习生！""天天做同样的事，学不到东西！"……不要以为这些只是个别学生的牢骚，有些话讲多了会变成真的，如果这时我们不把学生已经偏差的意识纠正过来，学生们的抵触情绪就会越来越强烈。一些意志薄弱的学生首先会受到影响，他们会与家长反映一些与事实不太符合的情况，家长明事理的还好，如果碰到一些不善于分析的家长，把本来属于职场上很常见的小事歪曲夸大，甚至让小孩终止实习，并责备学校。这样做影响学校的声誉不说，更重要的是，它会在实习生中产生连锁反应，同学们会因为一位学生的离开而动摇军心。

在实习生的情绪波动期，实习指导老师应做到如下几点：

1. 了解个别实习生情绪低落的原因，针对实习生的不同情况，做好全体实习生的信心提振工作。让学生学会"磨炼意志，选择坚强"，帮助学生顺利实现社会化，为以后实现有价值的人生而奠定基础。

2. 告诉学生贵在坚持！成功与失败的分水岭在于意志力的强弱差异，坚持是对意志力的磨炼，成功属于意志力坚强的人。人只要有克制自己的坚强的意志力，他就能承受一般人难以承受的痛苦，完成常人难以完成的事。告诉那些军心动摇的学生，1年后再回头看一看终止实习的学生，我们的腰杆子一定挺得比他们直。

3. 引导个别学生自动、自发、主动工作，帮助他们想办法做好自己的本

职工作并有所创新。转移学生注意力的最好的方法是让他们在成功的喜悦中度过这个情绪波动期,同时建议企业领导注意实习生的创意并将好的创意在实习生和员工中推广,这样既能提振学生的信心,又能为企业增效作出贡献。

2011年,烹饪专业学生在北京实习,张德同学受到了挫折,回校后被再次分到北海香格里拉酒店实习。当时,张德情绪很低落,作为指导教师的重点帮扶对象,实习指导教师鼓励他把在北京实习期间学到的接待礼仪用出来,得到了客人的好评。经老师建议,在酒店人事部门和行政总厨的大力支持下,张德的接待礼仪在明档制作上得到了推广,张德受到了鼓舞,学生受到了鼓舞,酒店获得了间接效益。张德在后来的实习日子里,能很自信地工作并在工作中将自己的才智发挥到了极致。

4.谆谆教导,提醒学生要做好几件事:(1)每天看到同事、领导要记得微笑打招呼。(2)看到你周围的同事有困难时要伸手去帮一把。(3)帮助学生想新点子,解决学生实习工作中认为最麻烦的问题。(4)提议学生给爸爸妈妈打个电话,问声平安,了解父母每天的工作内容。

5.建议企业关爱学生,给实习生过生日,让学生感觉到企业大家庭的温暖,从心理上对企业产生归属感。

6.观察学生是否开始发牢骚,帮助他们找一找原因并指导学生解开心结。

四、困惑期的引导(3周左右)——引导学生想明白

每天重复的工作会引发学生们的情绪波动,情绪不稳定,看问题就会偏激、片面。就算是领导正常分配任务,学生们也会认为是领导专门针对实习生,因此往往故意与领导对抗,通过消极怠工来发泄自己的不满。越是这样,领导就越是干涉,矛盾就从这里开始了。诸多的抱怨一个接一个冒出来:"我们是学生,不是打工的!""天天都做同样的工作,根本学不到东西!""我不干了!我要回去!"……牢骚多了,如果不及时应对,有时可能会由一个学生的矛盾发展成本部门全体实习生与领导的矛盾。

在这个时期,我们实习指导教师要做的工作,就是如何把学生从困惑中拉出来,下面介绍几种行之有效的方法:

1. 与企业沟通,提高企业领导的关注度。与企业实习生的上级领导谈实习生,提高企业领导对实习生的关注度。示意企业他们是学生,不是成熟的员工,建议企业控制工作强度。要考虑学生身心承受力,以保证学生身心的正常发育。

2. 及时调解矛盾。观察了解实习生与主管领导、学生、员工的关系,如果出现问题及时帮助学生调解,不要让矛盾扩大。同时,对有问题的学生进行疏导工作。不要让个别学生与领导的矛盾蔓延到其他学生中去。在保证学生心理健康的同时让其经受挫折,从中学会与人相处,在挫折中站起来。

3. 分层次引导。把优秀实习生的注意力引向如何在自己的岗位上做得更好,如何在岗位上进行创新。这样做的目的,也是让企业领导看到实习生是企业的生力军,让他们欣赏和尊重实习生的劳动成果。分层次引导的另一个方面,是把有情绪的学生的注意力直接引向如何把人际关系处理好,给他们制造机会并引导他们自己去化解与领导之间的矛盾,让他们在解决矛盾的过程中享受成功的喜悦。下面介绍一个案例:

不轻言退出

(引导学生在失败中站起来)

一天,大约晚上12点钟,在中山市喜来登酒店实习的导游班王珂打来电话,第一句就是:"老师我要走了,我不干了,我与经理吵了一架,他让我天天跟请来的钟点工去打扫卫生,别人都说我:'小伙子怎么来干这个?'我忍了好久了!"

第二天,我尽快向酒店了解情况,原来,王珂同学在酒店1个月不到自己私下换了三个岗位,领导发现后,为了教训他一下给他安排了打扫卫生的工作。于是,王珂就与经理玩起了藏猫猫游戏,经理查岗看不见他就批评他,他就与经理顶,就这样与经理吵翻了。我到了王珂的宿舍,和他分析了他的错误,他本人也承认是自己先错,但始终认为回不去了。我帮他出了两个主意:一个是老师去帮说情,给他换一个部门,但是,那样的话就把最后一招用完了,以后想用就没有了;还有一招,就是自己在哪里跌倒就从哪里爬起来,方法是去向经理道歉!王珂说:"老师,我从来就没向任何人道过歉,这次更不会!"我引导他说:"不道歉也行,明天你只管按时上班。"他虽然嘴上说"不",但口气已经没那么坚决了。

第二天早上6点,我用手机发了一条短信给王珂,我是这样写的:"珂:咱们上班去!"(用"咱们"是给他鼓气,向他表示他不是孤立的,还有老师呢!)他去上班了,但发来一条不太好的信息:"经理让我回去!"我赶紧给他回了一条:"你成功了,你越过了一道最难过的心理关,你等着,剩下的交给老师!"紧接着,我给实习酒店的人事部门打了一个电话,希望他们配合学校的工作,人事经理又给王珂的经理通了话,王珂的经理说:"让他在办公室等我,我处理完事情再处理他的事!"我又打了一个电话给王珂,我说:"珂:做好准备接受训斥,不管他的话有多么难听,你都不要还嘴,学会'忍'。"半小时后,接到王珂电话,电话那头的他很兴奋:"经理没有骂我,只是问我,那天为什么转身就走,我想起你让我道歉之事,我就乘机说,我脾气不好,对不起!结果,经理跟我讲了好多他刚进入社会的事。"听了王珂的诉说,我鼓励地说:"你真棒!今天完成了两个飞跃。怎么样?天不是你想象的那么黑吧!退一步,有什么感觉?"他接住我的话说:"海阔天空!"我又进一步引导他说:"第三步就是不管分你做什么,你都要接下来,学会'服从',哪天我听你的经理表扬你的时候,老师就帮你完成最后一步——换岗位,到你想去的健身中心!"又过了半小时,接到他的一个电话:说老师不用你帮忙了,我直接被分到了健身中心!我嘴上说,好小子!你真行,一下就登上了第四步!同时,心里有点懊悔,没有与酒店做好沟通,让他达到目标太顺太快了一点。

经过这次的风波,王珂本分了很多,再也没换过岗位,虽说工作表现还算不上太好,但对于他来说已经很不错了。企业的人事经理说:"老师,你真有办法!"我说:"不是我有办法,而是我们(注意:这里我又用了"我们")配合默契!"

这个案例对我们实习指导老师有如下启发:

1.引导学生是有方法的,老师要善于"布局",针对学生的薄弱之处精心"布局",目的是让学生在这个过程中学会在社会上生存所需要的本领,使他们成长。

2. 鼓励学生做自己认为做不到的事,让其品尝成功的甘甜。

3. 实习教师无论与企业领导还是与实习生谈话,都要学会用"我们"二字,这两个字的威力无穷。在与实习生谈话中用"我们",会让学生们认为老师是在帮他们;在与企业领导谈话时用"我们",会让企业觉得我们与他们是一体的,我们是学生共同的老师。

总之,这个阶段是一个多事的阶段,我们实习指导教师要努力让学生体会到实习不是没有东西可学,而且学的东西很多并且今后在社会上很有用,这样才能稳住开始动摇的军心。

五、平稳期的引导(36周左右)——夸赞学生再提升

经过困惑期的打磨,学生将进入平稳期,如何在平稳期引导学生再提升、再学习、再开发自己呢?

经过一段时间的风风雨雨,这时的学生已开始变得成熟起来,有些学生已经用薪水为自己买了最喜欢的礼物,如数码照相机、手提电脑、高档手机……有了一定的物质的激励,在他们心里会有一些满足感和成就感,顺理成章,此时是实习生们最为平稳的时期。

但也不是人人都有好心情,有些实习生平时因花钱大手大脚,依然什么都没有,但他们的进步也会在别的方面体现出来。

如何引导学生再提升呢? 我们可以这样做:

1. 引导畅谈。让学生畅谈自己的收获和进步,同时也给实习生介绍别的实习点的情况(他们怎么不怕苦、他们为什么会失败等)。

2. 赞扬他们。不要忘了赞扬他们,孩子的成功是夸出来的。让他们认识到自己是在不知不觉中进步、成长的,并且告诉他们一切都在不知不觉中改变着。

3. 告诫"三立"。告诉他们"人生三立":立德、立功、立言,并检查自己,提示他们给自己的父母送些小礼物。

4. 引导学生检查自己个人修养方面、服务意识方面是否有所提高?

5. 小测试。组织一次个人修养小测试，通过测试，有意识、有目的地让学生从意识上再次提高个人修养，让学生了解修养是个人魅力的基础。相信经历了社会的他们对这个问题会有新的认识。测试题参见《学生实习手册》。

六、期盼期的引导（4 周左右）——带着学生摘果子

临近实习结束期，很多学生会掰着手指过日子，总觉得时间过得很慢很慢。个别学生可能经不住这种"煎熬"，会因为一点小事而撂挑子，有些学生还会把一年来窝下的"火"一下子发出来，以泄他们所谓的"心头之恨"。学生的情绪又开始出现了小波动。这时，实习指导教师要密切关注学生动向，及时做好疏导工作，以免前功尽弃。

疏导的最好方式是把学生们的注意力转移过来，指导他们品尝当师傅的滋味。因为每到实习期结束，企业都会招聘新员工或迎来新的一拨儿实习生，这些人需要师傅带，我们的学生大多数都会"升级"当师傅，新的任务在等待着他们，这是让人兴奋的事！实习指导教师可以因势利导，让学生多想想当好师傅的事儿。

此外，实习指导教师还可以把学生的注意力转移到就业找工作上来。这一时期，最困扰实习生的还是实习结束后的去向问题：

对于那些想继续留在实习企业工作但又心有不甘的学生，我们实习指导教师要告诉他们：外面的世界是很精彩，但要找到一个自己满意企业也中意的单位不容易！大家现在要做的，是要更努力地做好现有的工作，给自己留一条后路！

对于那些企业想留、自己不想留但又盛情难却的学生，我们实习指导教师要给出参考意见："如果真不想留下来，一方面，要把现有的工作做好，另一方面，要坦诚地向你的领导讲出你不想留的理由，取得领导的理解。"最后，还要告诉他们一句很重要的话："适合自己的才是最好的！"

对于那些想留下来但实习企业没有意向的学生，我们实习指导教师一定要提醒他们："可以与领导沟通，请领导提出对自己的要求，争取在今后的

日子里好好表现。"

实习即将结束,我们多用"坚持到底"的信念鼓励学生,多数情况下是很有效果的,因为大多数人不愿被人说成是半途而废的人。只有极个别要发泄所谓"心头之恨"的人,有可能在这个时候撂挑子走人,他们不仅自己走,还会拉上别人一起走,这也是我们实习指导教师需要重点防范的。

不过,在多数时候,实习指导老师经常会听到这样的话:

"老师,我当师傅了!"

"老师,我已经很清楚我今后该做什么不该做什么了!"

"老师,谢谢你对我孩子的教育,你辛苦了!"

"感谢学校对我们企业的支持和帮助!"

"希望我们能再次合作!"

当您在这个时候能听到来自学生、家长、企业三个方面感激的话时,就说明您这个实习指导教师工作很成功!

阶段三　总结(1个月)

在成功的时候我们也不要忘了完成我们最后的工作：那就是在与实习企业的领班、主管、经理交谈后，在尊重事实、实事求是的基础上对实习生的表现进行客观评价，并根据每位学生的特点引导实习生畅谈和规划自己毕业以后的职业生涯。

一、听取实习单位领导对实习生的评价

与实习单位人事部门联合，组织实习单位主管或经理为每位实习生写出客观公正的评语。

1. 教师听取实习生的主管对每个实习生的评价。
2. 教师听取实习生的经理对每个实习生的评价。
3. 教师听取实习生的同事对每个实习生的评价。

二、转达实习单位领导对实习生的评价

与实习生的领班、主管、经理交谈，了解他们对实习生的真实评价并把他们的意见反馈给实习生，对实习生今后有着深远的意义。

1. 教师通过这些评价，形成对每个学生的基本印象。
2. 教师与实习生个别聊天，并把实习单位的意见反馈给实习生，并提出今后需改进的地方与发展的建议。

三、指导学生进行自我鉴定

指导学生从德、能、勤、绩方面去书写实习总结。

1. 德：爱岗敬业、吃苦耐劳、服从工作安排、团结协作、待人接物、劳动纪律等。
2. 能：工作能力、技能水平、完成任务情况等。
3. 勤：出勤情况。
4. 绩：取得的工作成绩、获得的奖励、同事、领导的认同程度等。

四、给学生写实习鉴定

1. 全面了解学生情况。

我们在与企业实习单位的领班、主管、经理交谈后,还要了解学生以下各方面的情况:

(1)实习生在实习岗位上的劳动纪律;

(2)实习生在实习岗位上的为人处世;

(3)实习生在实习岗位上与领导、同事之间的关系如何(礼貌礼节、互相关心、互相帮助、团队精神等);

(4)实习生在实习岗位上吃苦耐劳的程度和奉献精神;

(5)实习生在实习岗位上能否独立工作、解决问题的能力程度。

2. 全面、客观地给学生实习鉴定。

(1)教师要根据实习生以上的表现进行客观评价。该项工作不能马虎,需尊重事实,实事求是。因为实习鉴定是学生离开学校接受老师最后教育的平台,这对他们是至关重要的,也是学生第一次步入社会后得失成败的总结,我们的指点将有助于学生顺利地翻开职业生涯新的一页。

(2)教师还要根据每位学生的特点,引导实习生畅谈和规划自己毕业以后的职业生涯。以下是一份教师代表学校给学生的实习鉴定意见,仅供参考。

实习鉴定

为期一年的实习你通过了,老师向你的领导和同事们进行了细致的了解,这一年来,你的实习还是很成功的:能做到每天按时上下班,听从领导安排并按时完成工作任务,工作期间能与同事们处理好关系,工作很努力,能吃苦,懂礼貌,领导和同事们都很喜欢你,这是你的成功。最令人欣赏的是:你对工作精益求精的态度,使你独立工作的能力不断提高,成为岗位上的一把好手。人说,一个好汉三个帮,今后要学会与大家联合起来干,团队的力量是无穷的!这会使你工作起来更省力、工作质量会更好!你的潜质在于你能处理好人际关系,这对你今后的工作发展(自己创业)都很有用!

五、给家长写一封实习情况汇报信

在实习结束前,我们主动与家长通电话,详细聊聊孩子的实习情况并向家长发一份喜报。

喜报一般装订在学生实习手册中,将喜报从书上揭下,加盖学校章并给实习生的父母寄出。

以下列举的是某学校致家长的一封感谢信供您参考。

喜 报

尊敬的家长:

您好!在共同迎接我们的孩子平安回到校园之时,请允许我们代表学校真诚地祝贺并由衷地感谢您和您的孩子!正是由于您的支持,您的孩子的不懈努力,才使得学校组织的为期一年的实习任务得以圆满完成。谢谢您,家长!辛苦了,同学们!

此次实习,他们在学校的关怀下,在家长您的支持下,在实习指导老师的指导、带领下,克服了初离家人与学校的恐慌心理,战胜了由于水土不服而出现的身体不适,度过了实习初期紧张工作带来的身心疲惫,全身心地投入实习工作之中。他们自觉遵守实习单位的规章制度,服从主管领导的安排,听从实习指导老师的教导,如期按量完成每天的工作任务。在一年的实习中,他们拓展了视野,丰富了社会阅历,增强了工作的责任心,提升了自身的职业道德水平,养成了良好的从业就业意识,完成了由一名学生向一名社会技能人才角色的转换过程,勇敢而成功地迈出了走向社会、独立人生的第一步。

尊敬的家长,孩子们已凯旋而归。基于他们的出色表现,考虑到孩子们的长期紧张的工作,回来后先在家中好好休息一段时间,帮助家里做些力所能及的事情。从现在开始到毕业前为就业推荐期,请您做好孩子此期间的监护和管理工作,提醒孩子们要按时参加学校召开的就业双选会,做好再就业工作。再次感谢您,可敬的家长,再次感谢可爱的同学们!

祝阖家欢乐,身体健康,万事如意!

年　月　日

六、师徒留念

1. 给实习生做感恩教育。他们的师傅也许是他们今后开始新生活的引路人。我们可以这样说:"实习马上要结束了,我们要主动去谢谢师傅,报答一年来他对你们的教导。你们已经有了一点小钱,可以和师傅合个影、请师傅聚聚餐,也可送点小礼品以表达谢意。气氛和谐的话,也可向师傅或企业提一点小建议。"

2. 与企业领导交谈,感谢企业给予学校提供实习平台的支持,同时了解企业用人的期望。找合适的机会,向企业建言献策。

我们的实习指导工作实际上是在风雨中度过的。我们将面对三个方面的压力:一个是学生本人的情绪波动;一个是少数家长的不理解;最后一个是用人单位的"冷漠"。让我们正确对待来自这三方的压力,把压力变成动力,通过我们的工作,争取三方面的理解与配合。要知道,我们的工作是伟大的,因为我们在成就学生的同时也在成就我们自己!尽责尽力是我们的本分。

最后,我们以"彩虹总在风雨后"来结束我们的探讨吧!

附表1：实习指导教师蹲点情况记录月表

实习指导老师：　　　　　　　　　　　　　　　　　年　　月　　日

实习单位名称	
实习起止时间	年　月　日至　年　月　日
实习生人数	实习岗位
单位联系人	联系电话
下实习点时间	年　月　日至　年　月　日
实习学生班级与名单	
学生异动情况	
学生实习情况	

此表供蹲守在实习点的教师使用，为月表，每月使用1张，教师可根据需要复印。

附表2：实习指导教师下点情况记录旬表

实习指导老师：　　　　　　　　　　　　　　　　　　　　年　　月　　日

实习单位名称			
实习起止时间	年　月　日至　年　月　日		
实习生人数		实习岗位	
单位联系人		联系电话	
下实习点时间	年　月　日至　年　月　日		
实习学生班级与名单			
学生异动情况			
学生实习情况			

在学校周边管理实习的教师可用此旬表。此表可复印。

附表3：实习指导教师电话联系学生情况记录表

实习指导老师：　　　　　　　　　　　　　　　　　　　年　　月　　日

时间	通话人	联系电话	主要内容

实习单位意见	学校管理部门意见
负责人签字　　年　月　日	负责人签字　　年　月　日

在学校周边管理实习的教师及蹲守在实习点的教师均可用此表。此表可复印。

征稿启事

中等职业学校"职业指导"丛书共6册,每学期1册,首版每册暂设16个主题。

丛书主题的设计采用开放式,各校或任课老师可根据教学实际把自己学校富有特色的职业指导案例补充进来,出版社每年将选取有推广价值的案例结集出版。

来稿请发至下列电子邮箱中:xinjiaocaitougao@sina.com。

来稿一经采用,作者将享有署名权和获得报酬权。

旅游教育出版社

征稿启事

中等职业学校"就业指导"系列共 6 册,分春秋 1 册,高级卷册设在 16 个主题。

以专题的形式出现为主,各栏为法律案例可供借鉴参考自己学校实际校园业就业案例体来和由游教师不再是按本推广仍试的案例结集出来。

来稿请发至下列电子邮箱中:xiujiaocaitougao@sina.com

未经一经采用,作者将受可丰厚酬金及样书视画权。

本丛书编者出版社

中等职业学校职业指导丛书
中等职业学校德育必修课《职业生涯规划》延伸读本

Common Courses
公共课

栽培大树 收获硕果
职业指导深入手册
（供二年级第一学期用）

主　编：陈怡君　龚金玉　陈　宇
副主编：苏俊华　王　洁　唐　琳
　　　　张丽莎　许丽琳

北京·旅游教育出版社

责任编辑：景晓莉

图书在版编目(CIP)数据

栽培大树　收获硕果：职业指导深入手册/陈怡君
主编. —北京：旅游教育出版社，2013.1
（中等职业学校职业指导丛书）
ISBN 978-7-5637-2508-3

Ⅰ.①栽…　Ⅱ.①陈…　Ⅲ.①职业选择—中等专业学校—教学参考资料　Ⅳ.①G717.38

中国版本图书馆 CIP 数据核字(2012)第 263557 号

中等职业学校职业指导丛书
中等职业学校德育必修课《职业生涯规划》延伸读本

栽培大树　收获硕果

职业指导深入手册

主编　陈怡君

出版单位	旅游教育出版社
地　　址	北京市朝阳区定福庄南里1号
邮　　编	100024
发行电话	(010)65778403　65728372　65767462(传真)
本社网址	www.tepcb.com
E-mail	tepfx@163.com
印刷单位	北京科普瑞印刷有限责任公司
经销单位	新华书店
开　　本	787mm×960mm　1/16
印　　张	3.5
字　　数	41千字
版　　次	2013年1月第1版
印　　次	2013年1月第1次印刷
定　　价	48.00元(全6册)

(图书如有装订差错请与发行部联系)

序

职业生涯规划是中职生的德育必修课,是职业指导教育的重要内容,是教育部《中等职业学校德育课职业生涯规划教学大纲》规定的国家规划教材的重要教学内容。

陈怡君是职业教育战线上的一位老同志,也是一位勤勉知名的中等职业学校校长。她在从事学校教育工作中,关注学生职业生涯规划,不断学习、不断探索、不断实践,主编了这套《栽培大树　收获硕果》中等职业学校职业指导丛书。读之,颇受启发。

该丛书内容实,注重学生职业生涯规划的实效性和长效性。教材编写遵循贴近实际、贴近生活、贴近学生的原则,根据学生特点和用人单位对人才的要求,选取了16个基本的学生素养主题,分别从职业信念、职业选择、职场礼仪、职场规则和职场成功五个方面给学生"讲述故事",用"智慧心语"引导学生。所讲故事都是根据真实的生活而创编,鲜活而通俗易懂,如"夹心饼干"、"没有笨老板"、"不能说的秘密"、"莫做小人"等,内容真实,感染力强,有利于引导学生正确地看待社会和个人,有利于学生自强不息,引导他们在心理归属上尽早融入社会。

该丛书适用性强,教学方式方法灵活多样。就使用对象而言,班主任、科任教师、年级组长、德育主任、教研室主任、专业部长等都可使用,覆盖人群广泛;就使用时间而言,长可一节课,短则课前5分钟即可讲完,使用单位可根据教学目的和教学需要,灵活掌控,时间可长可短,非常便利;就教学组织的方式方法而言,既有面向群体的引导,也有个别活动环节,能够充分调动学生的多种感官,让他们在活动中听故事、想问题、说想法、看影碟、唱歌曲、写体会、练本领……

该丛书视角新,对顶岗实习期间的学生如何做好职业生涯规划进行了

有益指导。实行校企合作、工学结合、顶岗实习,是职业教育改革发展中带有方向性的问题,而当前论述顶岗实习过程中职业生涯规划的书很少,对中职学生毕业后走向社会的职业过渡关注不够。陈怡君同志作为中职学校的管理者和实践者,关注到顶岗实习过程中的一些问题,提出了指导学生做好职业生涯规划的个人见解,对从事职业生涯规划工作的同志有一定的借鉴意义,为缺乏实践经验的年轻教师指导中职生进行职业生涯规划提供了有益参考。

该丛书立意高,注重体现职业教育的人才强国战略精神。职业教育是国家经济社会发展的重要基础和教育战略重点,承担着培养数以亿计的高素质劳动者和技能型人才的重要任务,中职毕业生在我国社会主义现代化建设中更是发挥着不可替代的重要作用。该丛书关注到了对这类人群的培养培训和职业生涯规划,定位科学合理,正如书名"栽培大树 收获硕果"所展示,其立意是深远的。

我曾经考察过陈怡君同志所在的学校,对学校和她本人都有所了解。现受其嘱托,写了以上的话。

是为序。

国务院参事:黄尧[①]
二〇一二年七月二十日

---

① 编者注:黄尧,职业技术教育中心研究所所长,曾任国家副总督学、教育部职业教育与成人教育司司长,高级经济师,长期从事职业教育与成人教育政策研究和实践。

前 言

自教育部《职业生涯规划教学大纲》(教职成[2008]7号)颁布以来,各职业学校的职业指导教育工作得到了具体推进,36课时的教学计划在第一个学期实施很好。如何在巩固第一学期职业指导教学成果的基础上,保证职业生涯规划教学工作的实效性和长效性,是时下职业教育工作者需要认真思考的课题。

我们根据社会需求和用工现状,经过探索和实践,为职校生量身定做了这套《栽培大树 收获硕果》职业指导丛书。编写这套丛书的出发点和落脚点,是要长期有效地培养学生的职业意识和职业道德,在潜移默化中帮助职校生规范和调整自己的行为,引导其正确看待社会和个人,把自己放在合适的位置上,使职校生提前在心理归属上融入社会、在价值取向上认同企业、在行为特征上接近企业,为顺利就业、创业奠定基础。

该"职业指导丛书"共6本,每学期1本,每本暂设16个主题。丛书可与国家规划教材同时使用,使用中以国家规划教材为主、以丛书为辅。学校可安排各相关部门利用一切机会和闲散时间,点点滴滴把对学生们的职业指导渗透到每个学期中。班主任可利用晨训时间、读报时间、班会课时间以及课余时间使用本套教材;德育课教师和科任教师可在课前5分钟使用本套教材;年级组长、专业部主任以及团委、学生处等相关部门可用书中材料开展团体性活动,如礼仪比赛、主题辩论赛、成才报告会等。具体使用时,可通过先讲故事后提问的方式,也可根据主题发问,还可利用学生身边发生的正反两面的实例导出话题,引导学生去思考、去观察,从而激发起学生的学习兴趣和热情。

丛书主题的设计采用开放式,各校可根据教学实际把自己学校富有特色的职业指导案例补充进来,出版社每年将选取有推广价值的案例结集

出版。

该"职业指导丛书"的1~4本供一、二年级使用,5~6本供三年级使用。第5本为学生顶岗实习指导用书,第6本为顶岗实习指导教师用书,教师用书中附有各类表格,各校老师可根据需要复印。

1~4本用书中安排了"个别活动"模块,设计了"看看影碟""唱唱歌曲"等教学环节。为方便使用,我们将这些环节涉及的影片、歌曲全部分类收录在了一起,有需要的学校或老师可免费索取。索取联系QQ号为:"1549244993 旅游教育社"。

本套"职业指导"丛书有以下特点:

1. 注重实用。前四册书分别从职业信念、职业选择、职场礼仪和职场成功四个方面入手,根据学生特点和用人单位对人才的要求,遵循贴近实际、贴近生活、贴近学生的原则,选取了16个基本的做人素养主题,通过"讲述故事"的形式呈现给学生,然后用"智慧心语"予以引导。故事都是根据真实的生活而创编,鲜活而通俗易懂,如"夹心饼干"、"没有笨老板"、"不能说的秘密"、"莫做小人"等故事的创编旨在启发学生思考职场生存发展的大智慧。

2. 注重实效。为了避免职业指导教育出现"虚效"和"无效"的窘况,本套丛书根据学生身心特点,对学生的体验教育、养成教育予以了特别关注。1~4本书借助于讲述故事这种学生喜闻乐见的方式呈现每个主题,下设群体引导、个别活动环节,运用疏导、参与、讨论、练习等方法调动学生的多种感官,让他们在活动中听故事、想问题、说想法、看影碟、唱歌曲、写体会、练本领,以增强活动的吸引力和感染力,提高职业指导活动的实效性。

3. 注重发展。本丛书在各主题内容的编排上均以学生的发展为中心,注意与学生认知水平相匹配、与学生生活体验相适应、与学生关注点相一致,引导学生正确面对他们成长过程中的彷徨与困惑,如第3本书里的"不能说真话时请保持沉默"、第1本书里的"做到与得到"……无不向学生传递着面对困惑如何正确行事的信息。丛书还通过故事情节的设计注入时代发展的特性,如第1本书里的"功劳与苦劳"故事主人公——会计老王忍痛丢下算盘学习电脑做账,道出了时代与行业的发展要求个人也要与时俱进的

道理。

  4. 注重实习。顶岗实习是中职学校教学的重要环节，是学生走向社会的过渡期，实习成效的好坏，对学生、对学校都至关重要。第5本、第6本书根据学生在企业顶岗实习中出现的常见问题与对策而编写，一本是给学生看的，一本是实习指导教师用的，这是我们反复思考、反复实践的结晶，特整理出来与同人们共享。第6本书附录中有三款表格，蹲守在实习点的教师可用月表；在学校周边管理实习的教师可用旬表；至于通信联络表，两类教师都可使用。

  该"职业指导"丛书共6本，第1本由陈怡君、刘涛、许丽琳担任主编，由王洁、苏俊华、唐琳、张丽莎、龚金玉、陈宇担任副主编；第2本由陈怡君、闭春桂、龚金玉、许丽琳担任主编，唐琳、张丽莎、王洁、苏俊华、陈宇担任副主编；第3本由陈怡君、龚金玉、陈宇担任主编，苏俊华、王洁、唐琳、张丽莎、许丽琳担任副主编；第4本由陈怡君、陈宇、赵涛担任主编，张丽莎、唐琳、王洁、苏俊华、龚金玉担任副主编；第5本、第6本由陈怡君、谭小芹著，余俊、韩勇、陈莹、闭春桂、尹晶参与了部分编写工作。

  本丛书是一线德育工作者辛勤耕耘的作品，老师们爱教爱生之心很热，爱教爱生之情很真，我们把这真心实意融入每本书的编写中，希望用它起到抛砖引玉的作用，引起广大职教同人对职业生涯教育实效性和长效性的关注。

  在丛书的编写过程中，我们从互联网上选取了一些素材，因作者不详，无法一一列出，在此一并表示最诚挚的谢意。

  受作者水平所限，书中一定有不少错漏，敬请专家同人指正。

作者

目 录
CONTENTS

一、职业信念

1. 敬业——只有敬业才能成就卓越 ………………………… 2
2. 诚信——人生成功的命脉 ………………………………… 5
3. 公道——开在世俗间的一朵奇葩 ………………………… 8
4. 服务——最大的光荣和义务 ……………………………… 10

二、职业选择

5. 能力与职业 ………………………………………………… 14
6. 职业能力倾向测试 ………………………………………… 16

三、职场礼仪

7. 应酬礼仪——人际交往的必修课 ………………………… 20
8. 聚会礼仪——聚之以仪、会之以礼 ……………………… 22

四、职场规则

9. 把握人脉成就辉煌 ·· 26
10. 职场不相信眼泪 ·· 28
11. 不能说的秘密 ·· 30
12. 别让嫉妒之火烧到自己 ·· 33
13. 不为小事生气 ·· 35

五、职场成功

14. 自律力——成功必备的能力与条件 ································ 38
15. 责任心——人生永远不变的主题 ··································· 41
16. 服从力——成为优秀员工的第一步 ································· 44
征稿启事 ··· 46

一、职业信念

1. 敬业——只有敬业才能成就卓越

讲述故事

刘若英是台湾少数在歌坛、影坛表现都十分亮丽的女艺人。

刘若英出身于台湾的名门望族，她9岁开始学琴，高中毕业后赴美国修读声乐和钢琴演奏，并取得了古典音乐的学士学位。大学毕业之后返回台北加入了台湾滚石唱片公司，跟随陈升学习流行音乐与创作。陈升是台湾滚石乐队受人敬仰的大明星、著名歌手兼音乐制作人。陈升认定出水芙蓉般清纯的刘若英是个很有前途的歌手，立即邀请她到自己的工作室工作。

当时新园工作室还很小，人手也很少，作为助理的她为此什么都要做，工作很辛苦，也很琐碎，除了专业，大多数是做幕后工作。比如在明星拍戏的时候，她得按明星的要求在旁边端茶送水，在旁边帮擦汗、送纸巾等；在外面的时候，她得帮明星背吉他、拿包、买盒饭，还得负责阻挡粉丝、应付媒体等。在工作中，陈升师傅对她要求非常严格，甚至骂过她："如果你再这么没用我就开除你。"就因为这，刘若英不知哭过多少次，流过多少眼泪。刘若英也曾挣扎过、苦恼过，因为大部分时间都在做打杂的事，她感觉什么也没学到。每天，她既要忍受颠沛流离的生活，还要忍受不规律的作息，甚至每周一、三、五还得负责冲洗厕所，而且工资很低。就这样，一干就是三年。后来，刘若英被明星张艾嘉看中，觉得她很适合做电影《少女小渔》的主角，本来这部电影的监制对她很不放心，毕竟是新人，但陈升却推荐说："这些年当助理的非人生活，让她得到很好的锻炼，她一定行。"正是凭着这部电影，刘若英一举成名，获得1995年亚太影展最佳女主角奖。此后，好片一部接一部，《夜奔》《候鸟》《人间四月天》《粉红女郎》等都让人刮目相看。她很快成为台湾一线女星，且被人冠以"才女"的称号。

回想那段时光,刘若英满是感激:"很辛苦,什么都干。但你更真实地看到了整个程序和行业。有了这3年,我在当歌手的时候,心情和处理事情也会和一般歌手不同。"

刘若英一直认为,当助理那段经历是相当宝贵的人生经历,也是她得到最多、最好的锻炼的时期。这个时期也让她对歌手这个职业有了深刻的理解和认识,因为整个行业和程序都展现在她面前,她更明确自己该何去何从,这为未来的发展奠定了坚实的基础。

智慧心语

吃得苦中苦,方为人上人!30岁以前,我们要用加法来生活,多积累知识、能力、技能、经验、阅历、人脉等,苦难和磨炼是一笔财富,关键看你用什么态度去对待。现在很多人缺乏吃苦精神,工作总爱挑三拣四,就像吃饭一样,挑食的人总是长不壮实,只有做好本职工作,才能证明你能承担更多其他的工作,才会被老板器重并委以重任,才会成长得更快。做不好小事的人就一定做不成大事,不要小看每一件事,打好了杂,你就有了希望和前途。

群体引导

1.用心想想:你从刘若英的故事中得到什么启示?在今后的工作中如果遇到打杂的工作,你打算如何对待?

2.唱唱歌曲:

相信自己

填词:零点乐队

多少次挥汗如雨　伤痛曾填满记忆
只因为始终相信　去拼搏才能胜利
总是在鼓舞自己　要成功就得努力
热血在赛场沸腾　巨人在东方升起

相信自己　你将赢得胜利　创造奇迹
相信自己　梦想在你手中　这是你的天地
相信自己　你将超越极限　超越自己
相信自己　当这一切过去　你们将是第一

个别活动

1. 看看影碟：看看电影《奋斗》。

2. 谈谈说说：说说你的目标是什么？你的规划是什么？你打算如何实现？

3. 读读写写：推荐读一读张玎老师的《职场菜鸟升职记》，动手将你最感兴趣的语句、段落或心得写下来。

2. 诚信——人生成功的命脉

讲述故事

马云毕业于杭州师范学院英语系,他成为该院历史上第一个分配到大学做老师的学生。在毕业的时候,杭师院的校长亲自找马云谈话,要求他至少在那个学校待五年,马云答应了。做老师的第一年,他每月工资只有80多元。那个时候如果去做翻译,每月的工资可以拿到1000元以上,但为了兑现不待够五年不离开的承诺,他没有离开;后来他的工资涨到每月100多元,那个时候如果去做翻译,月薪可以拿到3000多元,但为了信守那个不待够五年不离开的承诺,他仍然没有离开。就这样,他在那个学校工作了六年,教出了一大批好学生,自己也成了该校优秀青年教师之一。不过,最后他还是选择了离开,放弃了大学教师的工作,因为他知道自己最想要什么。正是马云诚信做人的人格魅力,才成就了今天的马云!

马云说:"我认为做事情最重要的一点就是必须讲诚信。如果你不讲诚信,你的企业不可能走远,很多企业因为讲诚信而得到了好处。"诚信是阿里巴巴的文化,诚信也是阿里巴巴的营销之道。在阿里巴巴,诚信有两层意义:一是企业诚信,二是客户诚信。在阿里巴巴,所有人员不能作假、不能作弊、不能欺骗客户、不能夸大服务、不能给客户回扣、不能为客户垫款……这些都是天条。诚信第一,销售第二;价值观第一,业务能力第二。这是阿里巴巴的文化。如今,阿里巴巴的网上诚信体系已经形成。没有这个诚信体系,阿里巴巴就永远是个大BBS而不是真正的电子商务。没有这个诚信体系,阿里巴巴就不会成为世界上最大的B2B网站。

智慧心语

以诚立身,以信交友,这是中国传统道德中一个极为重要的内容。诚信,即诚实守信,就是忠诚老实,童叟不欺;诚信,就是守信用,讲信誉,兑现承诺,信守合同;诚信,就是忠诚企业,保守机密,维护企业信誉。一个诚信做人、诚实做事的人,就会受人信任,就会取信于民,就会受到器重;一个人不诚实、失信于人的人,别人就不会相信你,你就不会有威信,你就什么事情也做不成。所以,诚信做人,诚实做事,是成功者的必备素质。

群体引导

1. 用心想想:分小组议一议,你对马云的成功是怎样看待的?这对你有什么启示?

2. 唱唱歌曲:

我的未来不是梦

填词:陈乐融　演唱:张雨生

你是不是像我在太阳下低头

流着汗水默默辛苦地工作

你是不是像我就算受了冷漠

也不放弃自己想要的生活

你是不是像我整天忙着追求

追求一种意想不到的温柔

你是不是像我曾经茫然失措

一次一次徘徊在十字街头

因为我不在乎别人怎么说

我从来没有忘记我

对自己的承诺对爱的执著

我知道我的未来不是梦

我认真地过每一分钟

我的未来不是梦
我的心跟着希望在动
我的未来不是梦
我认真地过每一分钟
我的未来不是梦
我的心跟着希望在动
跟着希望在动
……

个别活动

1. 看看影碟：看看美国电影《奔腾年代》。
2. 谈谈说说：看了《奔腾年代》，你有什么样的感悟？你觉得马和人有相通的地方吗？如果有，那是什么？
3. 读读写写：找时间看一看郭宝昌的小说《大宅门》，写写你对"诚信"的看法。

3. 公道——开在世俗间的一朵奇葩

讲述故事

小丽是一家公司的业务经理,由于工作的需要,她常常在外就餐。一天中午,她来到一家餐厅,这里环境不错,客人较多,她点了两样小菜:番茄炒蛋、青椒肉丝。可是左等右等,菜也没有上来,每次催问服务员,服务员都是"稍等一下",又到人多的地方忙开了,原来餐厅正忙着招呼大客户。看到邻桌上热气腾腾的美味佳肴和吃劲正浓的氛围,小丽有一种强烈的被羞辱感,她生气地朝服务员说了声"过分!"愤然离开。她决定这辈子再也不来这家餐厅。

小丽随后选择了另一家餐厅,这家餐厅同样环境不错,客人也很多,但不同的是,小丽点的两样菜——番茄炒蛋和青椒肉丝,很快就端上来了。菜的分量足,价钱公道。小丽用餐时把外衣搭在板凳上,服务员马上用餐厅规范的用具遮挡住。在吃饭时,小丽还故意提了一些为难餐厅的事,但餐厅服务员都给予一一答复,这让小丽感到十分满意:在这里受到了客人应有的尊重。后来,她把业务上的招待都放在了这家餐厅,她成了这家餐厅的常客。

智慧心语

优质服务的基础是尊重客人,任何一位客人都有被尊重的需要。服务人员在提供服务时,要摒弃"看人下菜碟"的旧习气,禁止以貌取人和以职取人,而应平等、友好、公道地对待每一位客人。要时时牢记"250效应",即:每位客人身后都有250个潜在的顾客,不要任意伤害任何一个顾客,否则你将会失去250个潜在的顾客。

群体引导

用心想想:如果你是小丽,你会如何对待第一家餐厅的做法?你如何看待小丽的离去?

个别活动

1. 看看影碟:看看电影《贫民窟的百万富翁》。
2. 谈谈说说:看了电影《贫民窟的百万富翁》,你有什么感悟?

4. 服务——最大的光荣和义务

讲述故事

一个火锅店的"变态服务"竟一年赚3个亿,这个火锅店就是"海底捞"。海底捞虽然是一家火锅店,但它的核心业务却不是餐饮,而是服务。

在海底捞,顾客能真正体会到"上帝的感觉"。原本等待是个痛苦的过程,而海底捞却反其道而行之,把它变成一种愉悦:手持号码牌等待就餐的顾客,一边观望屏幕上打出的座位信息,一边接过服务员提供的免费水果、炸虾片、豆浆、柠檬水、薄荷水……你还可以边等待边打牌或下棋或上网。每隔15分钟,就会有服务员主动更换你面前的热毛巾。更令人惊喜的是,女士可以享受免费修剪指甲的服务,男士则可以免费享受擦皮鞋的服务。

用餐时,服务员会给每位进餐者提供围裙;他们会帮你把手机装到小塑料袋以防进水,会给长头发的女士提供橡皮筋和小发夹,为戴眼镜的朋友送来擦镜布;不管你喝几种饮品,服务员都会拿不同的杯子给你斟满,当你喝完后,他们会主动续斟;如果你带了小孩来用餐,服务员还会帮你喂孩子吃饭,陪你的宝宝在儿童天地做游戏,让你放心用餐。

在海底捞,很多顾客都有类似的经历:"只打一个喷嚏,服务员就会吩咐厨房的师傅做碗姜汤送上来。"孕妇会得到海底捞特意赠送的泡菜,分量还不少;如果某位顾客特别喜欢店里的免费食物,服务员还会单独打包一份让其带走。

用餐后,服务员马上送上口香糖,一路上所有服务员都会向你微笑道别。

智慧心语

很多人知道海底捞的"一夜暴富",却很少有人知道,它已经在"服务胜于产品"的道路上默默坚持了15年。在这里,你消费的不仅是餐饮,更是热忱服务的心!顾客真正体会到了做上帝的感觉,享受到贴身又贴心的"超级服务"。海底捞的成功再一次证明了:发自一线员工内心的个性化服务,才是企业能够留住顾客人心的"最顶尖的服务"。所以,优质的服务,是细致关怀,是相互尊重,是平等待客,是善于欣赏差异。在这里,服务胜于产品。

群体引导

用心想想:分小组议一议你对"服务胜于产品"的理解,在今后的工作中你打算怎么落实?

个别活动

1. 看看影碟:看看美国电影《幸福终点站》。
2. 谈谈说说:就你在平时消费中看到的、感受到的,写一写企业在服务方面做得好或者做得不好的地方。你认为这些企业要发展,该如何改进?

二、职业选择

5. 能力与职业

讲述故事

当大学生为找工作四处奔忙时，拥有一技之长的中职毕业生却越来越吃香。前不久，某市举行了一场大型的校园招聘会。来自全国各地的单位，为招聘会提供了1000多个岗位，其中不乏一些世界500强单位。在招聘会现场，实习岗位的平均工资已达1800元左右，最高的一家公司甚至达到3500元。

某职校应届毕业生大都参加了此次招聘会，机电类、服务类、计算机类毕业学生最受欢迎。许多企业当天就与毕业生签订了就业合同。

"黄杰，你签了哪家公司？待遇怎样？"汽修专业毕业生蒋拥军问电子电器专业的老乡。

"我签的是家电梯公司，主要做电梯维修，工资还可以。听上一届的学长说，他去年才去实习的，现在已经有近3000块了。你呢？"黄杰喜滋滋地说。

"我签的是家汽车美容公司，听说除了能做专业维修外，还能学做贴膜、打蜡等汽车美容项目，我很喜欢。待遇也不错，包吃包住，一个月1500元，三个月后开始有提成。"

"进公司以后，我们将对毕业生进行进一步的技术培训。工资还会有较大的上浮空间。"一家招聘负责人介绍，"与大学生相比，中职生动手能力强，专业技术更专一，而且年龄相对较小，上岗进入角色快，对工资待遇要求往往低于高学历者，具有良好的敬业和吃苦耐劳精神。"

2010年全国中等职业职业学校学生就业率为96.56%，与全国大学生就业率70%相比，高出两成多。

智慧心语

能力是影响工作效果的基本因素,如果具有职业所要求的能力,工作就会如鱼得水、游刃有余,也更易受到企业的青睐。加强专业能力的提升是就业的基石。

群体引导

用心想想:大学生落聘、中职生受宠的现象说明了什么?

个别活动

1. 谈谈说说:分小组议一议,以自己所学的对口专业的职业群为例,看看该职业群需要什么样的能力特征,我们应该如何应对?

2. 动笔写写:结合自己的兴趣爱好,总结自己有哪些特点和优势,找出发展专业特长的方法,不断提升自身能力与职业的匹配度。

6. 职业能力倾向测试

讲述故事

几年前毕业于某学校金融专业的小林，在校兼修第二外语并取得了计算机等级证、保险代理人证、会计证、驾照等各类证照。毕业后顺利到某单位任会计工作，迈出了职业生涯的第一步。然而，试用期后，小林发现自己并不喜欢会计工作，整天对着电脑看数据、做账，太枯燥了。年纪轻轻就被数字束缚了？这种一眼望到底的生活不是她想要的，她没多想就辞职了。

"小林，来做保险吧。"老同学小鲁邀请道，"现在我们社会的福利机制还不够完善，很多人都有忧患意识，买保险就是买一份安全、买一份温暖。这是一个朝阳行业，我做了一年多了，效益还不错的。"

"做保险？可以呀，既可以用到我原来学的专业知识，又可以接触许多人，不会枯燥无味的。"小林到到太平洋保险公司做起了业务代表，没想到两个月后由于没有业绩而被公司末位淘汰了。小鲁问她："你没跑业务？"

小林回答说："我跑了业务呀，找人说了买保险的好处，可那些人都不耐烦，几句话就要打发我走。我不走还赖在那儿？我才不掉价呢，我拔脚就走。气愤！"

小鲁叹了口气说："我的千金大小姐，难怪你没业绩了。再找找适合你的工作吧。"

接下来的一年里，小林做过前台接待员、理财咨询顾问、电话营销、部门文员等不同的工作，但都没能超过三个月。小林困惑了："我的证书不少，我到底适合做什么工作呢？"

智慧心语

像小林这样的人在当今的职场中屡见不鲜,他们对自己的兴趣、能力与职业的匹配度没有清楚的认识,因而在求职就业中没有自己的目标,频频对眼前的工作不满意,却不清楚满意的工作到底在哪里,结果只能通过不断的"跳槽"来寻找正确答案,这样既失去了生存保障,又浪费了宝贵的时间。当一个人在做出职业选择的时候,要找对自己的职业锚,即无论如何都不放弃的那种职业中至关重要的东西或价值观。

群体引导

用心想想:小林为什么会面临这样的困境?

个别活动

1. 谈谈说说:结合这个小故事,全班分小组讨论,给小林一些什么建议?
2. 动笔写写:试着做做以下这套职业能力倾向测试,找找自己的职业方向。

职业能力倾向测试题

用1表示"是",0表示"否",依次回答下列各题:

第一部分

1. 墙上的画挂不正,我看着不舒服,总想设法将它扶正。　　　　（　）
2. 洗衣机、电视机出了故障时,我喜欢自己动手摆弄、修理。　　（　）
3. 我做事情总力求精益求精。　　　　　　　　　　　　　　　　（　）
4. 我对一种服装的评价是看它的设计而不关心它是否流行。　　　（　）
5. 我能控制经济收支,很少有"月初松、月底空"的现象。　　　　（　）
6. 我书写整齐清楚,很少写错。　　　　　　　　　　　　　　　　（　）
7. 我不喜欢读长篇大作,喜欢读议论文、小品或散文。　　　　　（　）
8. 闲暇时间我爱做智力测验、智力游戏一类题目。　　　　　　　（　）

第二部分

9. 我不喜爱那些零散、琐碎的事情。   （ ）
10. 以我的性格来说，我喜欢与年龄较小而不是年龄较大的人在一起。
                                          （ ）
11. 我心目中的另一半应具有与众不同的见解和活跃的思想。（ ）
12. 对于别人求助我的事情，我总尽力帮助解决。   （ ）
13. 我做事情考虑较多的是速度和数量，而不是在精雕细刻上下工夫。
                                          （ ）
14. 我喜欢"新鲜"这个概念，例如新环境、新旅游点、新同学等。（ ）
15. 我不喜欢寂寞，希望与大家在一起。   （ ）
16. 我喜欢改变某些生活习惯，以使自己有一些充裕的时间。 （ ）

测评分析：

第一部分得分小于第二部分得分：是一个肯钻研、很谨慎、理性的人。适合的职业：律师、医生、工程师、编辑、会计师等。

第一部分得分大于第二部分：善于与人交往，思想较活跃。适合的职业：服务员、艺人、采购员、推销员、记者等。

第一部分得分约等于第二部分得分：适合的职业：美容师、美发师、护士、教师、秘书等。

三、职场礼仪

7. 应酬礼仪——人际交往的必修课

讲述故事

蓝小雪是中专药剂专业的一名毕业生,她准备参加一个知名药业公司举行的面试,争取销售代表一职。那天,当身着职业装的蓝小雪走进考场后才发觉,与自己一同面试的其他五个人都是市场营销专业的男生,她不安地在心里嘀咕:"我能拼得过男生吗?"

考场设在一间小会议室,中间是一张圆桌。面试官坐在圆桌一边,学生们几个人坐在另外一边。服务员拿来六杯水,其他几个男生直接拿起自己面前的水杯就开始喝。小雪一转念,不对啊,几个考官都还没有水喝呢,我们怎么可以抢先呢?于是很有礼貌地把杯子递给离自己最近的一个考官。

"还是女孩子心细啊。"坐在中间的一位考官说,另几个正在喝水的男生立刻窘住了,面面相觑。几位考官提问了对药剂专业知识和公司运营方面的问题。由于刚才的"喝水事件",那几个男生都比较拘谨,反倒是小雪轻松自如,对答如流。在面试过程中,小雪一直保持着谦逊的微笑。

最后,考官们录取了蓝小雪,理由是一名细心的有充足准备、懂礼数的销售代表会更容易了解并满足顾客的需求。

智慧心语

各位同学在中职二年级的下学期即将步入实习岗位,也意味着同学们要脱离校园环境,成为一名准社会人。在这个阶段,学习好面试礼仪相关知识显得尤为重要。求职礼仪是每个人在求职的过程中所表现出的由里到外的一种涵养,外表的礼仪是对招聘单位和招聘人员最起码的尊重,内在的礼仪更是一名合格中职生良好修养的体现。而所有的这些都需要我们在入学之初就要做好准备工作,以备将来给面试官留下良好的第一印象。

群体引导

用心想想:蓝小雪在求职前与求职中表现出了哪些求职礼仪?

个别活动

1. 看看影碟:看看周迅主演的电影《小娇妻》。
2. 谈谈说说:在求职面试时应注意哪些礼仪?
3. 做做练练:

面试场景模拟

公司名称:天天乐国际大酒店

面试官:主考官人力资源总监邓小姐(教师扮演)
　　　　企划部黄部长(学生扮演)

应征部门:企划部

应聘职位:营销企划专员

拟设计问题:

(1)请你做简单的自我介绍。

(2)你在学校时最难忘的一件事。

(3)你能为我们酒店做什么?

(4)如果你是我们企划部的一名营销企划专员,请思考三分钟,以"即将到来的圣诞节"为主题为酒店做一个企划活动,并用简单的语言阐述你的想法。

8. 聚会礼仪——聚之以仪、会之以礼

讲述故事

李雷在大学读书时学习非常刻苦,成绩也非常优秀,几乎年年都拿特等奖学金,为此,同学们给他起了一个绰号"牛人雷"。大学毕业后,李雷顺利地获取了在德国攻读硕士学位的机会,毕业后又顺利地在德国的一家世界五百强企业工作。

今年国庆节,李雷带着妻子回国探亲。一天,在运动场看乒乓球比赛,刚刚落座,就发现隔着3个座位的一个人伸出手大声地叫:"喂!这不是'牛人雷'吗?你怎么回来了?"这时,李雷才认出说话的人正是他的高中同学曾强。曾强大学没考上,自己跑到南方去做生意,赚了些钱,如今回到上海注册公司当起了老板。今天正好陪着两位从澳门来的生意伙伴一起来看比赛。

李雷和曾强都既高兴又激动。曾强走到李雷面前,大声寒暄之后,才想起了李雷身边还站着一位女士,就问李雷身边的女士是谁。李雷便向曾强介绍自己的妻子。待李雷介绍完毕,曾强高兴地走上去,给了李雷妻子一个拥抱礼。这时,曾强想起该向老同学介绍他的生意伙伴。大家相互介绍、握手、交换名片和简单交谈后,各自回到自己的座位上观看比赛了。

这短短的几分钟内,周围的观众向他们投来异样的目光。

智慧心语

随着人民生活水平的不断提高,聚会越来越频繁地进入我们的生活,学会聚会礼仪也就变得越来越必要。在工作后,必然要参加一些正式的聚会,

如拜会、集会、晚会、舞会、赛会等。学会正确的聚会礼仪能让我们提升个人气质与修养,给别人留下好的印象。

群体引导

用心想想:社交聚会有哪些?

个别活动

1. 看看影碟:看看美国电影《罗马假日》。
2. 谈谈说说:怎样才能避开主人认为不方便的时间去拜会主人?
3. 动笔记记:记一记拜会礼仪之主客三字经。

主人:客进门、起身迎、让座位、互问候;待客人、糖果茶、要热情、不冷落;交谈时、会倾听、态度诚、不插嘴。

客人:访亲友、轻敲门、人未来、莫自闯;敬茶水、双手接、坐姿正、会交谈;不乱翻、勿乱闯、离别时、有礼数。

四、职场规则

9. 把握人脉成就辉煌

讲述故事

很多人知道比尔·盖茨今天成为世界首富的真正原因，是他掌握了世界发展的大趋势。其实，比尔·盖茨之所以成功，除了这些原因之外，还有一个关键，就是比尔·盖茨的人脉资源相当丰富。

比尔·盖茨创立微软公司的时候，只是一个无名小卒，但是在他20岁的时候，签到了一份大单。假如把营销比喻成钓鱼的话，是钓大鲸鱼还是钓小鱼比较好呢？回答肯定是大鲸鱼。因为大鲸鱼钓一只可以吃一年，但钓小鱼的话得天天去钓。比尔·盖茨在25年前创业的时候，他就了解了这一点。他一开始就钓了一条大鲸鱼。让我们来领略一下比尔·盖茨的人际关系法则。

第一，利用自己亲人的人脉资源。他20岁时签到了第一份合约，这份合约是跟当时全世界第一强电脑公司——IBM签的。当时，他还是位在大学读书的学生，没有太多的人脉资源。他怎能钓到这么大的"鲸鱼"？可能很多人不知道。原来，比尔·盖茨之所以可以签到这份合约，中间有一个中介人——比尔·盖茨的母亲。比尔·盖茨的母亲是IBM董事会的董事，妈妈介绍儿子认识董事长，这不是很理所当然的事情吗？假如当初比尔·盖茨没有签到IBM这个单，相信他今天绝对不可能拥有几百亿美元的个人资产。

第二，利用合作伙伴的人脉资源。大家知道比尔·盖茨最重要的合伙人——保罗·艾伦及史蒂芬。他们不仅为微软贡献他们的聪明才智，也贡献他们的人脉资源。

第三，发展国外的朋友，让他们去调查国外的市场，以及开拓国外市场。比尔·盖茨有一个非常好的日本朋友叫彦西，他为比尔·盖茨讲解了很多日本市场的特点，为比尔·盖茨找到了第一个日本个人电脑项目，以此来开辟日本市场。

第四，雇用非常聪明、能独立工作、有潜力的人来一起工作。比尔·盖茨说："在我的事业中，我不得不说我最好的经营决策是挑选人才，拥有一个完全信任的人、一个可以委以重任的人、一个为你分担忧愁的人。"

智慧心语

美国钢铁大王及成功学大师卡耐基说："专业知识在一个人成功中的作用只占15%，而其余的85%则取决于人际关系。"人脉资源是一种潜在的无形资产，是一种潜在的财富。你在公司工作最大的收获不只是你赚了多少钱，更多的是积累了多少经验，积累了多少人脉资源。这种人脉资源不仅对你在公司工作时有用，即使你以后离开了这个公司，它还会发生作用，成为你创业的重大资产。

群体引导

用心想想：你的亲戚、朋友、同学、老师，都是你的人脉资源的一部分，你该如何积累自己的人脉？

个别活动

1. 谈谈说说：分小组议一议，对人脉资源应如何应用与管理。
2. 动笔写写：拿笔将你现在的亲朋好友的关系从近到远用一张表列出来，看看你的人脉资源有多少。

10. 职场不相信眼泪

讲述故事

"干整整六天,就只休一天"、"压力很大"、"钱太少"、"我要休假"……在各个职场论坛上,职场人的不满和抱怨远不止加班过频,工作占据了职场人每天大部分的时间。调查显示,超过六成职场人表示自己一天抱怨次数在1~5次之间,具体比例为65.7%,也有4.8%的职场人表示自己每天抱怨在20次以上。对于抱怨的内容,高达80.5%是抱怨与工作相关的内容,其次是与感情相关的内容,比例为29.7%。每一天都有来自工作的压力,甚至有的职场人表示自己时常存在危机感。在解决和平衡这些压力和危机感的过程中,职场人一旦无法做到内心的平衡,就会产生抱怨。而当对工作、上司的抱怨以及由此产生的矛盾积累到无法排解的时候,或许你会发现自己真的成了抱怨不断的职场"祥林嫂"。

小红和小兰资质较好,同时被香格里拉酒店雇用,两人都被分配做前台服务,因为是职场新人,短时间还没有完全熟悉工作,工作出差错在所难免。被领导批评后,两人出现了截然不同的态度。小红找出一大堆的理由为自己辩解,下班后见人就痛诉,哭天抹泪地抱怨,变成了"祥林嫂"。开始同事们还安慰、同情她的遭遇,时间一长,同事们觉得问题出在小红,认为小红幼稚,性格有缺陷,还没等小红开口,大家就回避她。

小兰在工作中同样也遭遇不顺心的事情,她挨了批评、受了委屈从不找借口为自己开脱,总是诚恳地说:"对不起,请原谅,我会注意的,下次不会这样了。"过后找有经验的同事虚心请教,从书本上找经验。遇到困难时,同事们都维护小兰,伸出援助之手。经过努力,小兰的能力大大提高,两年后,她荣升为部门经理。而小红早就被调到了客房,一直还在做客房服务员。

智慧心语

不断地倾诉抱怨，希望得到别人的同情，反而会引起大家的反感，就像鲁迅笔下的"祥林嫂"。相反，小兰是一位心智成熟的人，她处事为人方式倾向理性，赢得了同事的尊重和帮助。职场如战场，职场需要理性的思维逻辑和行事规则，如果你经常发脾气、掉眼泪，不仅会让周围人无所适从，还会被认为你的承受力差，被认为经不起大风大浪，难以担当重任。记住：职场不相信眼泪！

群体引导

用心想想：在日常生活中，什么样的人喜欢抱怨而成为"祥林嫂"？

个别活动

1．谈谈说说：分小组说说，职场中遇到不如意的事时该怎么办？抱怨时有没有技巧？

2．读读写写：有时间读一读谭国瑞的小说《职场不相信眼泪》，写一写自己的体会。

11. 不能说的秘密

讲述故事

小米在一家IT公司工作了三年,一直还是一个小职员,在他前面还有好几位资历和能力都比他强的前辈,看来,目前升职的空间不大。最近,女朋友总跟他说谁谁升职了,谁谁又加薪了,听得他心烦意乱。

一天晚上,小米邀上两位同事兼哥们喝酒,聊到自己的烦心事。一位同事说:"看来你的女朋友嫌你挣钱不多,女人嘛,总是爱比较的,甭理她。"

另一位说:"小米,最重要的是你有什么打算,是留下来'熬码头'还是另寻高枝?"

是走还是留?小米自己犹豫不定,这家公司可是他过五关斩六将,好不容易才被招聘进来的,当初令不少人羡慕呢。"我考虑考虑,哥们,先别说出去,为我保密。"小米嘱咐道。

谁知第二天一上班,小米的主管就过来"关心"他了:"小伙子,想法不少嘛,好!"公司的"小喇叭"李姐也凑过来:"小米,准备做老板了?'苟富贵,勿相忘'啊。"

小米郁闷极了,总以为哥们够义气,能替自己保密,看来所谓的"小圈子"未必可靠呀。

智慧心语

"出我的口入你的耳,切莫向第三人讲起。"这是自欺欺人的话,职场上任何时候都不要指望别人对某事守口如瓶。喜欢听秘密是人类的天性,所以多数人对秘密又爱又恨,他们既阻止不了自己的好奇心,又难以忍受保守秘密的痛苦煎熬。于是,在这种状况下,能否正确对待个人和他人的隐私,成为职场人在职场中能否游刃有余的关键因素。

群体引导

1. 用心想想:有哪些话题不适合谈论?面对隐私话题我们必须坚持什么样的原则?
2. 唱唱歌曲:

不能说的秘密

填词:方文山　演唱:周杰伦

冷咖啡离开了杯垫
我忍住的情绪在很后面
拼命想挽回的从前
在我脸上依旧清晰可见
最美的不是下雨天
是曾与你躲过雨的屋檐
oh 回忆的画面
在荡着秋千
梦开始不甜
又何必去改变
已走过的时间
你用你的指尖阻止我说再见
想象在你身边
在完全失去之前
你说把爱渐渐放下会走更远
或许命运的签只让我们遇见
只让我们相恋这一季的秋天
飘落后才发现这幸福的碎片
要我怎么捡

四、职场规则

个别活动

1. 看看影碟:看看周杰伦主演的影片《不能说的秘密》。

2. 谈谈说说:一个人总有不能说也不愿说的秘密,当你不小心知道了这个秘密后,你会怎样做?你应该怎样做?

3. 动笔记记:"口乃心之门户",我们在职场中说话之前应该考虑以下问题:

(1)我的家庭背景是否会对我的工作产生较大的影响?

(2)我同某些亲人或者朋友的关系是否不宜让别人知道?

(3)我与上司的私交是否能成为公开的"秘密"?

(4)我与公司上层的某些私人渊源一旦曝光,将给我带来障碍还是好处?

(5)我的历史记录是否会影响他人对自己道德品质的评价?

(6)我的与众不同的思想是否会触动一些人敏感的神经?

(7)我的生活方式是否有些与传统相悖?

12. 别让嫉妒之火烧到自己

讲述故事

从前,在一座寺庙里供着一尊大佛,每天来寺庙上香的香客络绎不绝,他们全都对这尊大佛毕恭毕敬,顶礼膜拜。

寺庙中有一个小和尚,每天负责打扫寺庙内的卫生,所以他是寺庙中起得最早、睡得最晚的和尚。有一天清晨,小和尚照惯例来到大殿打扫卫生时,他不经意抬头看到了高高在上的大佛,心中油然生出一股醋意。于是,他停下手中的活,指着大佛说道:"你每天高高在上,活得挺舒服的,还有那么多的人来参拜你。而我天天没日没夜地劳动却得不到这样的尊重,真是天理不公啊!气死我了。"

大佛满脸堆笑地对小和尚说:"你是不是觉得自己心中很不平衡啊?"

小和尚吃惊地望着大佛,说不出话来。

大佛接着说道:"这种不平衡让你的心中非常生气,对不对?"

小和尚抬头怒吼:"你说得没错!我就是很生气,我恨不得将你打碎。"

大佛哈哈大笑,对小和尚说道:"那么,你看看我生气吗?"

小和尚望了望大佛,摇头道:"我看你一点都没有往心里去,相反还很高兴。"

大佛说道:"没错,你嫉妒别人的结果却是自己惹了一肚子气,整个事情中最受伤的反而是你自己,你认为你做这样的事情有意义吗?"

一番话让小和尚如梦初醒。

智慧心语

嫉妒心理是人类一种很普遍的心理。嫉妒,俗称红眼病、吃醋、吃不到葡萄说葡萄酸……嫉妒是指人们为竞争一定的权益,对相应的幸运者或潜在的幸运者怀有的一种冷漠、贬低、排斥甚至是敌视的心理状态。嫉妒是一把"双刃剑",良性的嫉妒可以激励人进步,恶性的嫉妒可以使人走向深渊,它不仅会影响工作效率,还可能会让我们丢失快乐,甚至昔日好友有可能变成敌人。莎士比亚说:"您要留心嫉妒啊,那是一个绿眼的妖魔。"

群体引导

用心想想:哪一类人容易产生嫉妒？什么情况下容易嫉妒？

个别活动

1. 看看影碟:看看法国电影《天才雷普利》。
2. 谈谈说说:分小组议一议,在职场中如果有人嫉妒你,给你小鞋穿,你怎么办？
3. 读读写写:建议找时间读一读《不抱怨的世界》(【美】威尔·鲍温),写一写自己的心得体会。

四、职场规则

13. 不为小事生气

讲述故事

小莹和小美曾是形影不离的好朋友,因为一点小事两人闹僵,好几天都不说话了。小莹一个星期后就要过16岁生日了。按当地习俗,16岁的生日叫"出花园门",要宴请亲戚朋友来庆贺。

小莹很看重自己的生日,早早就和父母商量,准备在酒店请客,宴会后她再和同学去KTV。父母答应了宝贝的要求。小美左思右想,能不能趁此解开误会,和小莹和好如初呢？送什么生日礼物呢？她主动问小莹是否欢迎她参加生日宴会。

小莹说:"谢谢,你能来赏光我很高兴,你就是最好的礼物。"

小美心里高兴极了,她问妈妈:"妈妈,我送什么礼物好呢？"

妈妈答道:"你和小莹是好朋友,应该最了解她。你想想小莹需要什么。"

"小莹她家条件那么好,要什么有什么,没缺什么东西,所以我才发愁呀。"

妈妈提醒:"家庭条件再好,也会有她自己想要的东西的。"

小美突然想起来了:有一次两人逛街时,看到一间十字绣的店铺,小莹很喜欢"朋友"的那一幅,可惜她们连针都不会拿,也没那耐心去绣,便遗憾地离开了。小美想,我向十字绣的老板学习,争取在小莹生日那天给她惊喜。

小美在老板娘那里学会了打格子、用针线。放学后,她总是匆匆忙忙赶回家,一针一线地照着图绣起来,有时不小心戳破了手,她吸两口又接着绣。妈妈从没想到平日娇滴滴的小美竟然变了。有时妈妈想帮帮忙,小美坚决地拒绝:"这是我第一次独立做手工,我要把我的心意绣进去。"

当接到这份略显粗糙但饱含友情的十字绣时,小莹惊讶极了:"怪不得你早早往家赶,我太喜欢这份礼物了,我们永远是好朋友。"她紧紧地抱住了小美。从此,两人再也没有为一点小事生气,她们都学会了理解、宽宏大量。

智慧心语

人与人相处,重要的是学会沟通、理解,不要为小事生气。在人际交往中,人们相互馈赠礼物,是人类社会生活中不可缺少的交往内容,是解决矛盾的润滑剂。中国人一向崇尚礼尚往来。《礼记·曲礼上》说:"礼尚往来,往而不来,非礼也;来而不往,亦非礼也。"在现代人际交往中,礼物是人们往来的有效媒介之一,它像桥梁和纽带一样直接、明显地传递着情感和信息,深沉地寄托着人们的情意,无言地表达着人与人之间的真诚关爱。

群体引导

用心想想:人与人之间怎样做到和谐相处?

个别活动

1. 谈谈说说:你与同学有了矛盾,你是如何解决的?
2. 动笔写写:小王常常为点小事生气,请你为他写写解决问题的方法。

五、职场成功

14. 自律力——成功必备的能力与条件

讲述故事

永望公司新招了30个员工。公司对他们进行了一个月的技能培训。他们的工作是把公司回收的各种报废汽车分解成一个个小平面块,装车送进钢铁厂。

一个月后,在发工资时,大家发现一个名叫武盛的员工要比大家多300元钱,有人愤愤不平,"武盛凭什么比我们拿钱多?大家不都是在干拆汽车的活吗?厚此薄彼,太不公平了!"

经理平静地告诉大家:"按公司教给大家的拆卸程序,同样一架报废车,别人分解要4天,而武盛总比别人少用半天或一天时间,即使在相同时间内,他完成的工作总量比你们多,而且保证质量。"听经理这么一说,大家不约而同地想起了工作状态中的武盛,点点头陆续离开了。

第二个月,在发工资的时候,武盛的工资再加300元,这下公司有人纳闷了:"不就是拆卸汽车,难道武盛又拆出了新花样?还是武盛私下去拍了经理马屁?"经理温和地告诉大家:"事实并不像有些人想的那样,你们每天8小时的工作量虽然和武盛的差不多,但武盛除了严格要求自己把报废车拆卸外,还自觉地把报废汽车上好多的铜、铝都割下来了,而你们没有这样做,而是把铜、铝都带在废铁上当铁价卖了。铜价每公斤50多元,铝也每公斤10多元。卖了以后,武盛把钱全部上交公司,严格自律,没有截留一分钱,一个月为公司挽回2000多元的损失。同时,你们中的大部分人中午下班时,割铁用的氧气和液化气都没有关掉开关,而武盛做到了。"

一年后,由于武盛工作出色,公司董事长把他调到下属分公司专抓质量管理。因为有些质检员收受客户贿赂,使公司蒙受了很大的损失。武盛在分公司工作期间,严于律己,廉洁守法,从不收受客户的贿赂,严把质量关。由他发往钢铁厂的废铁从没有发生过掺杂石头、沙子、砖头等情况,不管客户如何贿赂他,他常说的一句话是:"我要对得起自己的良心。"

几年后,武盛已升任为公司副总经理,有车有房,年薪十多万元。这时人们看他的履历,他最初填写的文化程度职高,已经变成在读本科生了。

智慧心语

自律力是指自我约束、自我要求的能力。武盛由一个仅有职高文化的打工仔成长为公司高层管理人员,源于他良好的自律力:严于律己、对工作认真负责。这是自律的力量。做事细心严谨,一丝不苟,把每一件事做得比别人更好,追求完美精确,比别人更自律,这就是帮助我们获得成功的好习惯。缺少自律,你会发现很难完成分配的任务,成功更是遥不可及。要相信:自律比看起来更重要。

群体引导

1.用心想想:作为学生,我们为什么要遵守纪律?遵守纪律是谁的需要?

2.唱唱歌曲:

百姓心中有了你

秋雁两行江上雨
天南地北的人
讲道理的是知己
殿上君王堂下臣
心存百姓的人百姓心中自有你
说的都是理
噢唱的都是曲
铁齿铜牙两片嘴
吃的是下锅的米

噢说的都是理
噢唱的都是曲
铁齿铜牙两片嘴
吃的是下锅的米
走的是人间的道
扛的是顶风的旗
铁齿铜牙两片嘴
百姓心中有了你

个别活动

1. 谈谈说说：有的同学认为，讲纪律就是没有自由，讲自由就不能受纪律约束。你对这种观点有什么看法？分小组发言。

2. 动笔写写（对的打"√"，错的打"×"）。

(1)我们不用剪短头发，可以把头发染色，显得酷酷的。　　　（　）

(2)我们要生活简朴，不乱花国家助学金和父母的血汗钱。　　（　）

(3)参加各种活动时，我们迟到几分钟也不要紧。　　　　　　（　）

(4)上自习课时，不必顾及他人，可以随性说说话，随意走动。（　）

(5)学生不能把外人带进校园、不能携带管制刀具、不能打架斗殴、不能吸毒和偷盗，能抵制不良习气的诱惑。　　　　　　　　　　（　）

(6)晚上宿舍已关灯，我依然可以用手机通话或玩短信、上网聊天。
　　　　　　　　　　　　　　　　　　　　　　　　　　　　（　）

(7)看到无人看管的新款手机，我很想拥有，便顺手把手机放在了自己口袋里。　　　　　　　　　　　　　　　　　　　　　　　（　）

(8)上课、考试、会议期间主动关闭手机。　　　　　　　　　（　）

(9)网络虽然是虚拟的，但我们上网时还是要和实际生活一样，要讲文明、讲道德。　　　　　　　　　　　　　　　　　　　　　　（　）

(10)如果网友约见面，可以单独前去见面。　　　　　　　　（　）

15. 责任心——人生永远不变的主题

讲述故事

某职业学校毕业生石双勇，经朋友介绍，进了速捷快递公司工作。刚开始工作时，他与同进公司的大专生小张跟着师傅走街串巷，熟悉每一条街道。一个多月，他慢慢地适应了风里来雨里去的工作。由于快递公司如雨后春笋般地发展，竞争激烈，公司准备裁员。下岗名单公布了，有新手石双勇和小张，规定一个月后离岗。那天，大伙看他俩都小心翼翼地，更不敢多说一句话，这事摊到谁头上都难以接受。

第二天上班，小张垂头丧气，什么也不想干，师傅让他去送一件快件，他说："好的，你放在那儿，我等会儿就去。"说完，继续坐在电脑前玩游戏。石双勇前一天难过了一个晚上，刚熟悉的工作就要丢了，还得继续去推销自己。可是难过归难过，离走还有一个月呢，工作总不能不做。他早早地来到了公司，打扫办公室，把快件分类整理。小张看着脸带笑容忙个不停的他很吃惊："小石，摊到这种要扫地出门的事情了，你还笑得出来？有必要做那么多事情表现自己吗？少做无用功了，你这是瞎子点灯——白费蜡。"

"事情总得有人来做，做一天和尚就得撞一天钟嘛。笑对生活，自己心里好受，别人看着也舒服点。"石双勇说道。

"小石，这有几件要送北门的快件，你跑一趟，怎样？"组长问道，石双勇二话没说，爽快地答道："好的，我马上出发。"

当时正值天空乌云密布，小石背上装满货物的背包，推起电动车，拿上雨衣就冲出去了。快件仅送了两份，瓢泼大雨就倾盆而下，小石的雨衣既要遮住自己，又要盖住快件，手忙脚乱。祸不单行的是，电动车没电，开不走了。小石望望天,喃喃地说:"我已经够倒霉了,老天,你也要跟我过不去吗?你是考验我吗?"小石想:"反正天气不好,完不成任务是情有可原的,我回去算了。"但有另一个声音对他说:"不行,男子汉大丈夫应该说到做到,对自己的行为要负责任,怎能半途而废呢?"最后,小石推着电动车,送完了所有的快件。客户看着全身是雨的小石,感动地连连称谢。

看着湿透的石双勇,组长说:"小石,辛苦了,赶快回去熬点姜糖水喝,洗洗睡睡。"一个月后,小张如期下岗,而石双勇却留了下来。组长当众宣布了老板的话:"小石工作认真负责,非常出色,像小石这样的员工公司永远也不会嫌多!"

智慧心语

俗语有云:"天下无难事,只怕有心人。"所谓"有责任心",就是指为了达到更好的工作效果不只是被动地接受所分派的任务,而是主动动脑筋完成。想立足于职场就必须有责任心,因为能力可以培养,但态度很难改正。在现代社会,勇于承担责任的人是一个能被社会接受的人,而坚守自己的责任,做好自己分内的事情,还积极主动做得比别人期待的更多一点,可以为自己赢得更大的发展空间与机遇。要令自己的职场生涯通向光明,责任心是不二法门。

群体引导

用心想想:上述故事中石双勇、小张职业生涯中出现的拐点是什么?为什么?石双勇、小张的经历对你有什么启发?试推测一下,他们的职业前途如何?

个别活动

1. 谈谈说说:什么样的人比较容易在短暂的求职面试中获得企业的认可?企业会比较喜欢哪种类型的应聘者?

2.读读写写:找找有关责任感的名人名言来读一读,写一写我怎样做个有责任感的人?

资料卡片:

有关责任的名人名言

1. 一个人若是没有热情,他将一事无成,而热情的基点正是责任心。([俄]托尔斯泰)

2. 高尚、伟大的代价就是责任。([英]丘吉尔)

3. 尽管责任有时使人厌烦,但不履行责任,只能是懦夫、不折不扣的废物。([美]刘易斯)

4. 每个人都被生命询问,而他只有用自己的生命才能回答此问题;只有以"负责"来答复生命。因此,"能够负责"是人类存在最重要的本质。([美]维克多·费兰)

5. 每一个人都应该有这样的信心:人所能负的责任,我必能负;人所不能负的责任,我亦能负。如此,你才能磨炼自己,求得更高的知识而进入更高的境界。([美]林肯)

6. 人生须知负责任的苦处,才能知道尽责任的乐趣。(梁启超)

7. 我所享有的任何成就,完全归因于对客户与工作的高度责任感。([美]李奥·贝纳)

8. 天下兴亡,匹夫有责。(顾炎武)

9. 责任感与机遇成正比。([美]威尔逊)

16．服从力——成为优秀员工的第一步

讲述故事

炎热的暑假，某职校为期一周的军训开始了。第一天，做完军训动员、分配教官后，教官们带着自己的"兵"在不同的场地，开始进行停止间转法的训练。教官们尽量选择阴凉的地方练习，毕竟都是些十五六岁的孩子。学校食堂还免费提供了清凉饮料。尽管如此，还是有少数学生承受不了，刚练习一会儿就嚷嚷着要休息，赵勇就是其中之一。

"教官，我要上厕所。""教官，我肚子痛。""教官，我头晕。"才一天不到，赵勇就找了好几个理由要休息。教官开始还准了他的假，后来看到他满脸得意洋洋的样，气不打一处来，"不行，要坚持到底！不准请假！"

赵勇这招不灵了，还想赖着不动，教官说："忘记军训动员大会讲的纪律了？军人的天职是什么？"聪明的赵勇回答道："军人的天职是服从。"他狡辩说："可我是个学生，我不是军人。""你现在由我管，你就是我的兵，就得服从，回队！"同学们都盯着"胆大"的赵勇，赵勇没法，只好乖乖地回到了队伍。

第二天，赵勇在训练中又惹事了。当教官喊口令"向左转"时，他向右转；当教官喊齐步走时，他同手同脚，错误百出，惹来同学们阵阵笑声。班主任在一旁坐不住、看不下去了。班主任把他找出来，严肃地谈话："你这样做的目的是什么？引人注目，成为焦点？如果是这些，你的目的达到了，但这是好的榜样还是坏的典型？你想在一个新环境里给大家一个不服从指挥、调皮捣蛋的形象吗？俗话说'好的开始是成功的一半'，你不想成功吗？"

班主任的谆谆教诲，说得赵勇不好意思地低下头："对不起，老师，我错了，我改。"

"好，以后看你的，争取成为军训标兵，拿张奖状回家。"班主任轻轻地拍

拍赵勇的背,"老师相信你会做得到。"

军训的后三天,赵勇果然在进步,有时犯错再也不找借口了。有次因动作不规范,他和几个同学被教官罚在太阳底下做俯卧撑,他没有狡辩、推脱,服从命令,老老实实地做了起来。校长恰好看到这一幕,说:"同学们辛苦了,累不累呀?"他们笑着说:"校长,不累,我们愿意挨罚,我们很开心。"这番话把校长感动得不得了,连连称赞:"好孩子,真是好孩子呀!"

军训结束了,赵勇果然拿到了"军训标兵"的奖状,这是他入学三年来拿到的第一张奖状。

智慧心语

很多人对"服从"有误解,认为服从就等于无能。其实服从是一种职业伦理,它体现的是一种负责、敬业的精神和一种诚实的态度。任何规章制度都需要服从才能发挥效力,没有服从,再好的灵丹妙药也治不了一个小小的感冒!学会服从,团队才能统一步伐,才有一流的执行力保证实现最宏伟的战略目标。让我们将西点军校200年来最重要的行为准则铭记在心:服从没有任何借口!

群体引导

用心想想:孝顺父母是无条件地服从吗?

个别活动

1. 看看影碟:看看电影《冲出亚马逊》。
2. 谈谈说说:有人说:"服从别人是软弱的、低三下四的表现";也有人说,"服从别人是尊重他人,变被动为主动"。你的看法是什么?请小组派代表发言。

征稿启事

中等职业学校"职业指导"丛书共 6 册，每学期 1 册，首版每册暂设 16 个主题。

丛书主题的设计采用开放式，各校或任课老师可根据教学实际把自己学校富有特色的职业指导案例补充进来，出版社每年将选取有推广价值的案例结集出版。

来稿请发至下列电子邮箱中：xinjiaocaitougao@sina.com。

来稿一经采用，作者将享有署名权和获得报酬权。

旅游教育出版社

中等职业学校职业指导丛书
中等职业学校德育必修课《职业生涯规划》延伸读本

Common Courses
公共课

栽培大树 收获硕果
职业指导拓展手册
（供二年级第二学期用）

主　编：陈怡君　陈　宇　赵　涛
副主编：张丽莎　唐　琳　王　洁
　　　　苏俊华　龚金玉

北京·旅游教育出版社

责任编辑:景晓莉

图书在版编目(CIP)数据

栽培大树　收获硕果:职业指导拓展手册/陈怡君
主编. —北京:旅游教育出版社,2013.1
(中等职业学校职业指导丛书)
ISBN 978 - 7 - 5637 - 2508 - 3

Ⅰ.①栽… Ⅱ.①陈… Ⅲ.①职业选择—中等专业学校—教学参考资料　Ⅳ.①G717.38

中国版本图书馆CIP数据核字(2012)第263555号

中等职业学校职业指导丛书
中等职业学校德育必修课《职业生涯规划》延伸读本

栽培大树　收获硕果
职业指导拓展手册
主编　陈怡君

出版单位	旅游教育出版社
地　　址	北京市朝阳区定福庄南里1号
邮　　编	100024
发行电话	(010)65778403 65728372 65767462(传真)
本社网址	www.tepcb.com
E - mail	tepfx@163.com
印刷单位	北京科普瑞印刷有限责任公司
经销单位	新华书店
开　　本	787mm×960mm　1/16
印　　张	4
字　　数	46千字
版　　次	2013年1月第1版
印　　次	2013年1月第1次印刷
定　　价	48.00元(全6册)

(图书如有装订差错请与发行部联系)

序

职业生涯规划是中职生的德育必修课,是职业指导教育的重要内容,是教育部《中等职业学校德育课职业生涯规划教学大纲》规定的国家规划教材的重要教学内容。

陈怡君是职业教育战线上的一位老同志,也是一位勤勉知名的中等职业学校校长。她在从事学校教育工作中,关注学生职业生涯规划,不断学习、不断探索、不断实践,主编了这套《栽培大树　收获硕果》中等职业学校职业指导丛书。读之,颇受启发。

该丛书内容实,注重学生职业生涯规划的实效性和长效性。教材编写遵循贴近实际、贴近生活、贴近学生的原则,根据学生特点和用人单位对人才的要求,选取了16个基本的学生素养主题,分别从职业信念、职业选择、职场礼仪、职场规则和职场成功五个方面给学生"讲述故事",用"智慧心语"引导学生。所讲故事都是根据真实的生活而创编,鲜活而通俗易懂,如"夹心饼干"、"没有笨老板"、"不能说的秘密"、"莫做小人"等,内容真实,感染力强,有利于引导学生正确地看待社会和个人,有利于学生自强不息,引导他们在心理归属上尽早融入社会。

该丛书适用性强,教学方式方法灵活多样。就使用对象而言,班主任、科任教师、年级组长、德育主任、教研室主任、专业部长等都可使用,覆盖人群广泛;就使用时间而言,长可一节课,短则课前5分钟即可讲完,使用单位可根据教学目的和教学需要,灵活掌控,时间可长可短,非常便利;就教学组织的方式方法而言,既有面向群体的引导,也有个别活动环节,能够充分调动学生的多种感官,让他们在活动中听故事、想问题、说想法、看影碟、唱歌曲、写体会、练本领……

该丛书视角新,对顶岗实习期间的学生如何做好职业生涯规划进行了

有益指导。实行校企合作、工学结合、顶岗实习,是职业教育改革发展中带有方向性的问题,而当前论述顶岗实习过程中职业生涯规划的书很少,对中职学生毕业后走向社会的职业过渡关注不够。陈怡君同志作为中职学校的管理者和实践者,关注到顶岗实习过程中的一些问题,提出了指导学生做好职业生涯规划的个人见解,对从事职业生涯规划工作的同志有一定的借鉴意义,为缺乏实践经验的年轻教师指导中职生进行职业生涯规划提供了有益参考。

该丛书立意高,注重体现职业教育的人才强国战略精神。职业教育是国家经济社会发展的重要基础和教育战略重点,承担着培养数以亿计的高素质劳动者和技能型人才的重要任务,中职毕业生在我国社会主义现代化建设中更是发挥着不可替代的重要作用。该丛书关注到了对这类人群的培养培训和职业生涯规划,定位科学合理,正如书名"栽培大树　收获硕果"所展示,其立意是深远的。

我曾经考察过陈怡君同志所在的学校,对学校和她本人都有所了解。现受其嘱托,写了以上的话。

是为序。

国务院参事:黄尧[1]

二〇一二年七月二十日

---

[1] 编者注:黄尧,职业技术教育中心研究所所长,曾任国家副总督学、教育部职业教育与成人教育司司长,高级经济师,长期从事职业教育与成人教育政策研究和实践。

前 言

自教育部《职业生涯规划教学大纲》(教职成[2008]7号)颁布以来,各职业学校的职业指导教育工作得到了具体推进,36课时的教学计划在第一个学期实施很好。如何在巩固第一学期职业指导教学成果的基础上,保证职业生涯规划教学工作的实效性和长效性,是时下职业教育工作者需要认真思考的课题。

我们根据社会需求和用工现状,经过探索和实践,为职校生量身定做了这套《栽培大树 收获硕果》职业指导丛书。编写这套丛书的出发点和落脚点,是要长期有效地培养学生的职业意识和职业道德,在潜移默化中帮助职校生规范和调整自己的行为,引导其正确看待社会和个人,把自己放在合适的位置上,使职校生提前在心理归属上融入社会、在价值取向上认同企业、在行为特征上接近企业,为顺利就业、创业奠定基础。

该"职业指导丛书"共6本,每学期1本,每本暂设16个主题。丛书可与国家规划教材同时使用,使用中以国家规划教材为主、以丛书为辅。学校可安排各相关部门利用一切机会和闲散时间,点点滴滴把对学生们的职业指导渗透到每个学期中。班主任可利用晨训时间、读报时间、班会课时间以及课余时间使用本套教材;德育课教师和科任教师可在课前5分钟使用本套教材;年级组长、专业部主任以及团委、学生处等相关部门可用书中材料开展团体性活动,如礼仪比赛、主题辩论赛、成才报告会等。具体使用时,可通过先讲故事后提问的方式,也可根据主题发问,还可利用学生身边发生的正反两面的实例导出话题,引导学生去思考、去观察,从而激发起学生的学习兴趣和热情。

丛书主题的设计采用开放式,各校可根据教学实际把自己学校富有特色的职业指导案例补充进来,出版社每年将选取有推广价值的案例结集

出版。

该"职业指导丛书"的1~4本供一、二年级使用,5~6本供三年级使用。第5本为学生顶岗实习指导用书,第6本为顶岗实习指导教师用书,教师用书中附有各类表格,各校老师可根据需要复印。

1~4本用书中安排了"个别活动"模块,设计了"看看影碟""唱唱歌曲"等教学环节。为方便使用,我们将这些环节涉及的影片、歌曲全部分类收录在了一起,有需要的学校或老师可免费索取。索取联系QQ号为:"1549244993 旅游教育社"。

本套"职业指导"丛书有以下特点:

1. 注重实用。前四册书分别从职业信念、职业选择、职场礼仪和职场成功四个方面入手,根据学生特点和用人单位对人才的要求,遵循贴近实际、贴近生活、贴近学生的原则,选取了16个基本的做人素养主题,通过"讲述故事"的形式呈现给学生,然后用"智慧心语"予以引导。故事都是根据真实的生活而创编,鲜活而通俗易懂,如"夹心饼干"、"没有笨老板"、"不能说的秘密"、"莫做小人"等故事的创编旨在启发学生思考职场生存发展的大智慧。

2. 注重实效。为了避免职业指导教育出现"虚效"和"无效"的窘况,本套丛书根据学生身心特点,对学生的体验教育、养成教育予以了特别关注。1~4本书借助于讲述故事这种学生喜闻乐见的方式呈现每个主题,下设群体引导、个别活动环节,运用疏导、参与、讨论、练习等方法调动学生的多种感官,让他们在活动中听故事、想问题、说想法、看影碟、唱歌曲、写体会、练本领,以增强活动的吸引力和感染力,提高职业指导活动的实效性。

3. 注重发展。本丛书在各主题内容的编排上均以学生的发展为中心,注意与学生认知水平相匹配、与学生生活体验相适应、与学生关注点相一致,引导学生正确面对他们成长过程中的彷徨与困惑,如第3本书里的"不能说真话时请保持沉默"、第1本书里的"做到与得到"……无不向学生传递着面对困惑如何正确行事的信息。丛书还通过故事情节的设计注入时代发展的特性,如第1本书里的"功劳与苦劳"故事主人公——会计老王忍痛丢下算盘学习电脑做账,道出了时代与行业的发展要求个人也要与时俱进的

道理。

4.注重实习。顶岗实习是中职学校教学的重要环节,是学生走向社会的过渡期,实习成效的好坏,对学生、对学校都至关重要。第5本、第6本书根据学生在企业顶岗实习中出现的常见问题与对策而编写,一本是给学生看的,一本是实习指导教师用的,这是我们反复思考、反复实践的结晶,特整理出来与同人们共享。第6本书附录中有三款表格,蹲守在实习点的教师可用月表;在学校周边管理实习的教师可用旬表;至于通信联络表,两类教师都可使用。

该"职业指导"丛书共6本,第1本由陈怡君、刘涛、许丽琳担任主编,由王洁、苏俊华、唐琳、张丽莎、龚金玉、陈宇担任副主编;第2本由陈怡君、闭春桂、龚金玉、许丽琳担任主编,唐琳、张丽莎、王洁、苏俊华、陈宇担任副主编;第3本由陈怡君、龚金玉、陈宇担任主编,苏俊华、王洁、唐琳、张丽莎、许丽琳担任副主编;第4本由陈怡君、陈宇、赵涛担任主编,张丽莎、唐琳、王洁、苏俊华、龚金玉担任副主编;第5本、第6本由陈怡君、谭小芹著,余俊、韩勇、陈莹、闭春桂、尹晶参与了部分编写工作。

本丛书是一线德育工作者辛勤耕耘的作品,老师们爱教爱生之心很热,爱教爱生之情很真,我们把这真心实意融入每本书的编写中,希望用它起到抛砖引玉的作用,引起广大职教同人对职业生涯教育实效性和长效性的关注。

在丛书的编写过程中,我们从互联网上选取了一些素材,因作者不详,无法一一列出,在此一并表示最诚挚的谢意。

受作者水平所限,书中一定有不少错漏,敬请专家同人指正。

作者

目 录
CONTENTS

一、职业信念

1. 信誉——人生的巨款 ·· 2
2. 健康——人生最大的幸福 ·· 6
3. 态度——人生的方向盘 ·· 8
4. 责任——成功的关键 ·· 11

二、职业选择

5. 职业资格 ·· 16
6. 职业规划 ·· 18

三、职场礼仪

7. 餐饮礼仪 ·· 22

四、职场规则

8. 莫做小人 ·· 26
9. 没有笨老板 ·· 29
10. 除了升职你还有梦想 ······································ 31
11. 男儿要自信、自强 ·· 35
12. 女人要自尊、自立 ·· 38
13. 反思自我 ·· 41

五、职场成功

14. 号召力——人格魅力 ······································ 44
15. 使命感——强大的内驱力 ································ 47
16. 好习惯——成就美好人生 ································ 50
征稿启事 ·· 53

一、职业信念

1. 信誉——人生的巨款

讲述故事

　　美国堪萨斯城郊的一所高中,一批高二的学生在被要求完成一项生物课作业的过程中,其中28个学生从互联网上抄袭了一些现成的材料。此事被任课的女教师发觉,判定为剽窃。于是,不但这28名学生的生物课成绩为零分,并且还面临留级的危险。在一些学生及家长的抱怨和反对下,学校领导要求女教师修改那些学生的成绩。这位女教师拒绝校方要求,结果愤而辞职。

　　这一事件,引起了全社会的广泛关注,成为全市市民关注的焦点。

　　面对巨大的社会反响,学校不得不在学校体育馆举行公开会议,听取各方面的意见。结果,绝大多数的与会者都支持女教师。

　　该校近半数的老师表示,如果学校降格满足了少数家长修改成绩的要求,他们也将辞职。

　　他们认为:教育学生成为一名诚实的公民,远比通过一门生物课程更重要。

　　被辞退的女教师每天接到十几个支持她或聘请她去工作的电话。一些公司已经传真给学校索要作弊学生的名单,以确保他们的公司今后永不录用这些不诚实的学生。

　　谁会想到呢,一些中学生的一次作业抄袭行为所引发的事件,竟在全美国引起轩然大波。

智慧心语

　　一位美国人说,一个人可以失去财富,失去职业,失去机会,但万万不可失去信誉。一个失去信誉的人,在这个世界上举步维艰。所以,一纸契约、一句承诺,都要无条件地去履行;约定好时间后必须严格遵守,守时是为人的基本准则,因为,信誉无价。

作为一个企业家,史玉柱最为关注的是商业信誉问题。在他看来,没有什么比信誉更重要。史玉柱在商界打拼多年,期间也经历过失败。有网友问,当初为何没有在企业倒下时申请破产,以独善其身。史玉柱回应称,申请破产会涉及信誉,"一旦信誉没了,以后也就无法在江湖上混了。"

群体引导

1. 用心想想:你对信誉是怎样看待的?
2. 唱唱歌曲:

我心中尚未崩坏的地方

填词:阿信　演唱:五月天

醒在陌生的地方
镜头变成了刀枪
耳语也变成了真相
吉他告别了肩膀
诗人弃守了边疆
我们活在巨大片厂
幸运的孩子爬上了殿堂
成果代价都要品尝
单纯的孩子是否变了样
跟着游戏规则学着成长
轰轰烈烈的排行
沸沸扬扬的颁奖
跟着节奏我常迷惘
当人心变成市场
当市场变成战场
战场埋葬多少理想

回想着理想　稀薄的希望
走着钢索我的刚强
伟大和伪装　灰尘或辉煌
那是一线之隔　那是一线曙光
每个孤单天亮　我都一个人唱
默默地让这旋律和我心交响
就算会有一天　没人与我合唱
至少在我的心中还有个尚未崩坏的地方

歌手追逐销售量
记者追逐点击量
没有谁比谁更善良
无论天后或天王
无论小兵或老将
曲终人散都要苍凉
期待着彩虹　所以开了窗
窗外只有灼热闪光
所谓的彩虹　不过就是光
只要心还透明就能折射希望
每个孤单天亮　我都一个人唱
默默地让这旋律和我心交响
就算会有一天　没人与我合唱
至少在我的心中还有个尚未崩坏的地方
其实我们都一模一样
无名却充满了莫名渴望
一生等一次发光
宁愿重伤也不愿悲伤
让伤痕变成了我的徽章
刺在我心脏永远不忘

默默地让这旋律和我心交响

至少在我的心中自己为自己鼓掌

每个孤单天亮　我都一个人唱

默默地让这旋律和我心交响

就算会有一天　没人与我合唱

至少在我的心中还有个尚未崩坏的地方

孩子一样　不肯腐烂的土壤

个别活动

1. 看看影碟：看看美国电影《美丽人生》。
2. 谈谈说说：看了《美丽人生》，你对主人公如何看待？从他身上你学到了什么？

2. 健康——人生最大的幸福

讲述故事

李小琳是某职业学校餐饮服务专业的一名学生。一年级的她，课堂上参与性强，学习成绩不错，专业技能很突出，是班里少数的全勤生，期末获得了"三好生"和奖学金。

二年级上学期，李小琳开始迷上了网络，她整天在网上听歌、看电影、聊天……在网络的世界里，她玩得流连忘返、乐不思蜀。刚开始，她总是有理由请假，"老师，我肚子不舒服，想请半天假"，"老师，我想请假去办身份证"。再往后，她开始上课迟到，老师和家长联系，家长相信了她说的原因，比如住得远，路上红绿灯多，容易堵车；有时父母加班不在家，没法按时提醒她等原因。老师和家长都相信她，没往他处想。因为李小琳在老师、家长心目中一直是个让人省心的孩子。

其实，李小琳在欺骗老师和家长。她怕家长发现真相，就把家长给的早餐钱和零花钱省出来，为的是有钱上网；为了节约时间，她一放学就冲进网吧，中餐不按时吃，饿了就吃点面包、喝点水，晚上回家再吃得饱饱的。长时间饿一餐饱一餐，营养不平衡，她得了胃病。从此以后，她经常请假，今天胃疼去看病，有家长的电话，老师得准假；后天又要去复诊，的确有医院的证明，老师也不得不批假。

二年级的下学期，同学们考完证准备实习了，不断地有实习单位来面试，班主任一再提醒李小琳不要请假，以免错过机会，李小琳忍着胃痛，顺利地通过面试，去了知名酒店实习。她喜欢那里的工作环境，喜欢那里的管理机制。可是，酒店紧张的实习生活，让李小琳的胃承受了更大的考验。她不得不经常请假，辛苦地熬了两个月。最后，她因身体原因被实习单位退了回来,她含泪离开了实习单位,回家休整自己的身心。

智慧心语

一切成就,一切财富都始于健康的身心。因为,身体是革命的本钱,健康的身体和健全的心灵,是事业成功的基本保证。无论在什么情况下都要爱惜自己的身体,按照健康的生活方式去生活,养成良好的行为习惯;生命在于运动,要坚持锻炼身体,选择一种适合自己的方式坚持锻炼;要培养积极的心态和良好的情绪,克服异常心理和变态心理及人格障碍中的孤僻、易怒、固执、轻率、自卑、忧虑、嫉妒等;学会缓解和消除择业压力、各种时尚潮流的诱惑所构成的压力、生活不顺的压力等。

群体引导

用心想想:身心健康的评价标准是什么?良好的生活方式有哪些?(学生以小组为单位,讨论发言)

个别活动

1. 看看影碟:看看美国电影《当幸福来敲门》。
2. 谈谈说说:当你受到挫折、打击而精神萎靡、士气不振时,你喜欢用什么方式来激励自己?
3. 读读写写:建议读读《当幸福来敲门》(让青少年受益一生的人生幸福书),写写你的感悟。

3. 态度——人生的方向盘

讲述故事

让我们看一道很有意义的计算题。

如果令 A~Z 这 26 个英文字母分别等于 1%~26% 这 26 个数字,那么:

◆ Hard word(努力工作)

H + A + R + D + W + O + R + K = 8% + 1% + 18% + 4% + 23% + 15% + 18% + 11% = 98%

◆ Knowledge(知识)

K + N + O + W + L + E + D + G + E = 11% + 14% + 15% + 23% + 12% + 5% + 4% + 7% + 5% = 96%

◆ Love(爱情)

L + O + V + E = 12% + 15% + 22% + 5% = 54%

◆ Luck(好运)

L + U + C + K = 12% + 21% + 3% + 11% = 47%

这些我们通常认为重要的东西往往并不是最重要的,那么,什么能使生活变得圆满? 是 Money(金钱)吗? 不!

M + O + N + E + Y = 13% + 15% + 14% + 5% + 25% = 72%

是 Leadership(领导能力)吗? 不!

L + E + A + D + E + R + S + H + I + P = 12% + 5% + 1% + 4% + 5% + 18% + 19% + 9% + 16% = 89%

那么,什么能使生活变成 100% 的圆满呢?

每个问题都有其解决之道,只要你把目光放得长远一点! 能使生活变得 100% 的圆满的是——ATTITUDE(心态)!

A＋T＋T＋I＋T＋U＋D＋E＝1%＋20%＋20%＋9%＋20%＋21%＋4%＋5%＝100%

我们对待工作、生活的态度能够使我们的工作和生活达到100%的圆满！

智慧心语

态度决定一切。积极的态度会带来积极的结果,消极的态度导致消极的结果。因为积极态度的人可以控制环境,消极态度的人往往被环境所控制。一个人能否成功,与他的态度有重要的关系！成功人士与失败者之间的差别就是:成功人士始终用最积极的思考、最乐观的精神、最辉煌的经验来支配自己的人生;失败者则刚好相反,他们往往用消极的、悲观的、抱怨的态度来对待眼前的工作,对待当下的生活,使自己的人生陷入谷底。

群体引导

1. 用心想想:你是哪种员工？如果你是老板,你会选择和重用哪类员工。为什么？学生以小组为单位,讨论发言。

2. 唱唱歌曲:

再快乐一点

填词:姚若龙　演唱:张韶涵

最想忘的感觉
就别挂在嘴边
一个念头转变烦恼都告别
又快乐一点

草原绿得很新鲜真想躺一天
谁的笑好甜幸福全世界
看见了白云刚帮蓝天擦脸
打瞌睡的脸

心也被太阳叫醒　好多梦要实现
改变不了的昨天　干吗浪费时间
宁可抓紧了今天　做想做的一切
再快乐一点

有人太吵　戴耳机听我的音乐
寄给自己一张加油的卡片
太累了我就偷空吃点零嘴马上像充电
没闲钱放手去玩　做梦环游世界
改变不了的昨天　干吗浪费时间
宁可抓紧了今天　做想做的一切
再快乐一点

个别活动

1. 看看影碟：看看电影《首席执行官》。
2. 谈谈说说：一条街上三个裁缝开了三家裁缝店。第一个裁缝挂出：我是本省最好的裁缝；第二个裁缝挂出：我是全国最好的裁缝。说说看：第三个裁缝的牌子上写的是什么呢？

4. 责任——成功的关键

讲述故事

一天夜里，已经很晚了，一对年老的夫妻走进一家旅馆，他们想要一个房间。前台侍者回答说："对不起，我们旅馆已经客满了，一间空房也没有剩下。"

看着这对老人疲惫的神情，侍者不忍心深夜让这对老人出门另找住宿。而且在这样一个小城，恐怕其他的旅店也早已客满打烊了，这对疲惫不堪的老人岂不是会在深夜流落街头？于是好心的侍者将这对老人引领到一个房间，说："也许它不是最好的，但现在我只能做到这样了。"老人见眼前其实是一间整洁又干净的屋子，就愉快地住了下来。

第二天，当他们来到前台结账时，侍者却对他们说："不用了，因为我只不过是把自己的屋子借给你们住了一晚，祝你们旅途愉快！"原来如此。侍者自己一晚没睡，他就在前台值了一个通宵的夜班。两位老人十分感动。老头儿说："孩子，你是我见到过的最好的旅店经营人。你会得到报答的。"侍者笑了笑，说这算不了什么。他送老人出了门，转身接着忙自己的事，把这件事情忘了个一干二净。

没想到有一天，侍者接到了一封信函，打开看，里面有一张去纽约的单程机票并有简短附言，聘请他去做另一份工作。他乘飞机来到纽约，按信中所标明的路线来到一个地方，抬眼一看，一座金碧辉煌的大酒店耸立在他的眼前。原来，几个月前的那个深夜，他接待的是一个有着亿万资产的富翁和他的妻子。富翁为这个侍者买下了一座大酒店，深信他会经营管理好这个大酒店。

智慧心语

"顾客就是上帝",这是服务人员的职业信念和责任。要成功就一定要有使命感和责任感。低级的员工谋工作,高级的员工谋事业。一个有责任感、使命感的人,会想尽一切办法去解决问题,会想尽一切办法去实现目标。因为,一个有责任感、使命感的人,他的目标是明确的,他的信念是坚定的,他做事的动机是正面的,他的主观能动性是强大的。这样的人,不用领导费心,不用别人引导,他都会自发地去努力,自觉地去前进,他们才是生活的强者、事业的脊梁。所以要成功,就要有责任感、使命感,就要有坚定信念和执著的信仰,使自己具备成功者的潜质。

群体引导

1. 用心想想:如果你是那个前台侍者,你会怎样处理这件事?从这个"前台侍者"的身上你受到什么启发?在今后的工作中你打算怎么落实?
2. 唱唱歌曲:

舞台

填词:张萱妍　演唱:弦子

走过每次的挫折失败

真心微笑不怕跌倒重来

走过漫长未知的等待

今天微笑着看见未来

追求虽然充满考验

快乐在每个瞬间

成败虽然无法预言

相信梦会实现全世界都看见

噢伊噢啊伊我的舞台

唱出未来　唱出精彩

噢伊噢啊伊我的舞台

专属未来　自己主宰

一、职业信念

不想去成为谁的替代
别人风格不是我的姿态
坚持信念是我的王牌
有天一定会释放光彩
追求虽然充满考验
快乐在每个瞬间
成败虽然无法预言
相信梦会实现全世界都看见
噢伊噢啊伊我的舞台
唱出未来　唱出精彩
噢伊噢啊伊我的舞台
专属未来　自己主宰
噢伊噢啊伊我的舞台
热切未来　急速澎湃
噢伊噢啊伊我的舞台
我的未来　要你崇拜

个别活动

1. 看看影碟：看看美国电影《美丽心灵》。
2. 谈谈说说：看了《美丽心灵》，你觉得什么样的心灵是美丽的？

二、职业选择

5. 职业资格

讲述故事

八月酷暑，某资格培训机构的门前，前来咨询、报名、参考的人络绎不绝，"考证热"已远远超过了"天气热"。

"李老师，你怎么也来报名？想考什么证呀？"班上学生李丽的家长正好也在，他好奇地问道。李老师是某职业学校的文化课教师，早已怀揣英语六级证书、计算机等级证书、普通话水平测试等级证书、教师资格证书，还有了一个中级服务证书，属于"双师型"老师了。

李老师笑了笑说："我是来咨询律师资格证考试的事情。听说有了律师资格证，可以帮别人打官司，至少可以帮写起诉书吧。"

"听说这个证蛮难考的。李老师，你真行。"李丽家长夸着。

李老师摇摇头说："哪里哪里，见笑了。现在的人都想多考几个证，必要时能派上用场。我只是想，律师资格证主要考文科的东西，多花点时间背一背，多看点案例，兴许就能考得上。你不是在事业单位上班吗？也赶时髦了？"

李丽家长叹道："你以为我想考？业余时间谁不想享受休闲生活？'少壮不努力，老大徒伤悲'呀。前段时间老同学聚会，这个提拔，那个发财，连班上当时最不起眼的张三都发达了，郁闷呀！人到中年，总得搏一搏。我没有别的途径，只想多拿几个证找找别的工作。我去年拿到了会计资格从业证书，想兼职做一家公司的会计，可别人要有经验的会计，不要我这种菜鸟。听说报关员的考试快开始了，我来看看。"

智慧心语

故事中几个人的经历,很多人都遇到过。在中国人的传统观念中,与"技多不压身"类似的俗语有很多,因此我们一向用考取各级各类证书来证明自己的能力。其实,职业资格证书只是一块敲门砖而已,既不代表能力也不代表成绩,它理应是工作经验的升华。很多人还忘了"技多不压身"后面的一句话是"艺多不养人",事物是有正反两面的,多学一些知识就多一分收获、多一点保障,但多而不专、多而不精也是有可能的,选择面大了,就会有犹豫,也许就错过了人生的一些机遇,往往还会因为遇到一些小挫折就改道而行,结果换来换去一事无成。

群体引导

用心想想:故事中小李和老张的经历给你带来什么启示?

个别活动

1. 谈谈说说:分小组辩一辩考证重要还是能力重要?
2. 动笔写写:结合自己的感受写一写你对出现"考证热"这一现象的理解。

6. 职业规划

讲述故事

15年间，董明珠从最底层的业务员一直做到珠海格力电器有限公司总经理，2006年至今，任珠海格力电器股份有限公司副董事长、总裁，还六次被美国《财富》杂志评为全球商界女性50强，2011年从全球第九位上升为第七位，位列全中国第一位。

因为董明珠的"难缠"，竞争对手形容她"走过的路难长草"。

在进入格力时，董明珠连营销是何物都不知道。但她凭借坚毅和"难缠"，连续40天追讨前任留下的42万元债款，成为营销界茶余饭后的经典故事，令当时的格力电器总经理朱江洪刮目相看。那年她的销售额竟达到1600万元，打开了格力在安徽省的销售局面。随后，她被调往几乎没有一丝市场裂缝的南京。隆冬季节，她神话般签下了一张200万元的空调单子。一年内，她的销售额上蹿至3650万元。

正当南京市场蒸蒸日上之时，格力内部却出现了一次严重危机，部分骨干业务员突然"集体辞职"。董明珠经受住了诱惑，坚持留在格力，被全票推选为公司经营部部长，可谓受命于危难之时。1996年，空调业凉夏血战。已升为销售经理的董明珠宁可让出市场也不降价，她带领23名营销业务员奋力迎战国内一些厂家成百上千人的营销队伍。当年格力销量首次超过春兰。此一役，助她迅速登上格力副总经理之位。

之后董明珠领导的格力电器从1995年至2005年，连续11年空调产销量、销售收入、市场占有率均居全国首位。在长期的市场实践中，董明珠摸索出一整套独特的经营方式，更是敢于叫板业界老大国美电器，使其在销售领域声名显赫，销售的模式连年创新，被空调界同行及新闻媒体誉为"格力模式"，其独创性的区域销售公司模式还被经济界、理论界誉为"21世纪经济领域的全新革命"。

二、职业选择

　　二十多年的迅猛发展,格力电器业绩斐然:从一个当初年产不到2万台的毫不知名的空调小厂,一跃成为今天拥有珠海、丹阳、重庆、巴西、越南、巴基斯坦六大生产基地、员工人数2万多人、家用空调年产能力超过1500万台、商用空调年产值达50亿元的知名跨国企业;同时,格力电器在技术、营销、服务和管理等创新领域硕果累累,深情演绎了一个中国企业肩负的历史使命和社会责任,让业界为之动容。

智慧心语

　　在职场里活跃着这么一群特殊的人,他们工作想换就换,说走就走,这群人俗称为"跳蚤族"。"跳蚤族"对于自己将来的职业没有一个非常明确的定位,不知道自己将来一定要做什么,于是在职场中经常选择跳槽,很多人第一份工作不满一年,能在第一个工作岗位待三年的,据调查还不到10%,而一年中连跳三四次槽的并不少见。很多时候,失败的人不代表没有能力,而是角色定位失败。职业规划正是对个人角色进行有效定位的方式。职业规划,就是对职业生涯乃至人生进行持续的系统的计划的过程,有自我职业规划的人才会有清晰的发展目标,当一个人具有一个较为清晰的职业规划时,他会非常清楚自己需要的是什么,他知道自己面对诱惑和困难时该如何取舍,他将让自己的职业发展朝着既定目标有条不紊地前进,从而取得卓越的成绩。董明珠的成功正源于此。

群体引导

1. 用心想想:格力的成功与董明珠的成长有无关系?
2. 唱唱歌曲:

《藏起想哭的心》①

填词:曹豆　演唱:陈琳

就这样站在人群中

紧闭的唇写满坚强

虽然疲惫的眼睛没有思想

---

① 根据董明珠的亲身经历改编而成的电视连续剧《行棋无悔》片尾曲。

虽然漂流的脚步有些踉跄
无论你什么时候回头望
你都会看到我笑得像太阳
藏起想哭的心
做出无所谓的模样
藏起想哭的心
没人的时候哭个汪洋
就这样站在人群中
挺直的肩撑着倔强
尽管孤独的痛在渐渐成长
尽管无奈的祷告带着苍凉
无论你什么时候回头望
你都会看到我笑得像太阳
藏起想哭的心
对你撒一个真诚的谎
藏起想哭的心

个别活动

1. 看看影碟：看看电视连续剧《行棋无悔》。
2. 谈谈说说：在职场中如果面临困境，你会如何选择？
3. 动笔写写：

（1）如果你是老板，你会选择"跳蚤族"作为你的员工吗？

（2）在网上找找相关测试，比如荣格心理测试（MBTI）、霍兰德职业倾向测试等，看看自己与选择的专业的匹配度。

三、职场礼仪

7. 餐饮礼仪

讲述故事

杰克是一个在中国留学的美国人，他非常热爱中华文化，尤其是餐饮文化。

杰克吃地地道道的中餐，大快朵颐，不久还学会了用筷子夹菜。"杰克，我再替你盛碗饭吧。"朋友李深看到杰克三下五除二就吃完了第一碗饭，热情地说。

"好的，谢谢！"杰克把碗递给了李深说："李深，舀一勺就行了。"

"不行，按我们中国人的习俗，盛饭要舀两下的。"

"连盛饭都讲究，你们的饮食文化太有意思了，我得好好研究研究。"

杰克在"民以食为天"的中国人身边，发现饮食除了满足人的基本需求外，还有很多传统习俗。人们特别爱设宴，宴席还有红白喜事之说。

每逢结婚、春节、中秋节等，中国人一家老少聚首饭桌前共贺佳节，这是团圆的喜宴；若有人离世，丧家会在葬礼后设"答谢酒宴"，宴请出席葬礼的亲戚朋友，向他们表示谢意，这是白事。

智慧心语

中华饮食文化源远流长。在我们这个自古以来就是礼仪之邦、讲究民以食为天的国度里，饮食礼仪自然成为饮食文化的一个重要部分。和客人、长辈等一起进餐时，要使他们感到轻松愉快、气氛和谐。正所谓吃有吃相，这里说的进餐礼仪就是指吃相，要使吃相优雅，既符合礼仪的要求，也有利于我国饮食文化的继承和发展。

群体引导

用心想想:你参加过哪些宴会?

个别活动

1. 看看影碟:看看电视连续剧《红楼梦》中有关宴会的场景。
2. 谈谈说说:中餐礼仪有哪些?
3. 动笔写写:写一段祝酒词。

四、职场规则

8. 莫做小人

讲述故事

芳是长我一届的师姐，进公司后一直很照顾我。平常有 case 她经常带我一起做，让我积累经验并教我许多应付难缠客人的技巧。有一次，我和芳共同筹办一个日本客户的新品发布会。因为事前对客户提供的新品资料做了详尽分析，我提出的方案最后得到客户的赞赏并被采纳。

虽然隐隐感觉到芳的尴尬与不悦，但我仍安慰自己："公平竞争，各凭本事，芳应该能够理解。"当晚，就计划书的细节问题我们又和客户谈了很久。我发现手机没电四处找电话通知家里要晚回家时，芳又恢复了当初大姐姐的姿态，笑着主动说："你和客户继续谈吧，你家里我来搞定。"天真的我着实感动了一番，自责道："看来是我小人之心，多虑了。"

直到看见老婆黑着脸、气急败坏地冲进酒店将我大骂一通时，我才明白那笑容背后的含义。

智慧心语

在职场里，我们可能一直都很努力将自己的本分做得很好，但还是会不顺利，这有可能是因为我们在职场里遇见了小人。职场小人大多表现为"打小报告、散布传闻、损人利己、表面笑内里刀、得志便猖狂、贬低他人抬高自己"等，这在任何职场都是不可避免的。要知道，在利益相争的环境里大家的目光更是雪亮的，而这种小人习惯往往会跟随你一生。我们在工作中应该对领导不挖坑，对同事不使绊，利己不要损人。记住：不要试图和猪摔跤，当你被弄得满身是泥时，他却乐在其中。

群体引导

1. 用心想想：除故事中提到的这种情况，你觉得职场中小人使绊的情况有哪些？

2. 唱唱歌曲：

爱因为在心中

填词：紫焱龙、狗狗、修宝、Shane　　演唱：王力宏

当我睁开双眼每一天

都会记得大家的笑脸

明白心中勇敢又多了一点

曾经哭泣也会看不见

未来总会有别的喜悦

就让时间翻开崭新的一页

你的音符你的脸

有种无声的语言

教我不退缩要坚持着信念

用音符画一个圈

经过都会被纪念

我想爱永远会留在你心间

每个人都拥有一个梦

即使彼此不相同

能够与你分享

无论失败成功都会感动

爱因为在心中

平凡而不平庸

世界就像迷宫

却又让我们此刻相逢 Our Home

伤心时你会给我笑脸

让我感受友爱的原点

四、职场规则

快乐地过有风有雨的岁月
失望和伤心在所难免
都会经历漫长的严寒
让这一切在我们心中沉淀
用旋律写张信签
放入你的心里面
手牵手记录我们爱的和弦
用音符画一个圈
经过都会被纪念
我想爱永远会留在你心间
每个人都拥有一个梦
即使彼此不相同
能够与你分享
无论失败成功都会感动

个别活动

1. 谈谈说说：分小组议一议，在生活、工作中遇到小人怎么办？

2. 动笔写写：为在生活、工作中遇到小人的人支支招，有时间再找刘军师著《防小人就这几招》读读，看看书中的招有哪些是你知道的、哪些是你不知道的。

9. 没有笨老板

讲述故事

老板：一头驴子拉磨时不听话，和主人讲条件，最后被主人剥了皮。

员工：一只狼过于狠毒，为了满足自己贪婪的欲望，咬死了草原上所有的羊，最后自己也被饿死了。

老板：一只青蛙被放在加热的水里，安于现状，最后无力挣扎终于死掉了。

员工：驯象师虐待大象，折腾大象，最后被大象踩死了。

老板：两只山羊被狼追赶，竞争逃命，最后落后的那一方被狼吃掉了。

员工：鹬蚌相争，各不相让，最后渔人得利。

老板：马戏团的一只猴子以为生活无忧，没有压力，不认真表演，最后被其他猴子取而代之。

员工：自行车的气已经打足，还要拼命增加压力，最后轮胎爆了。

智慧心语

一直以来，老板和员工都被认为是领导与被领导的关系，更有人认为他们之间是相对立的关系。实际上，老板与员工之间应该是互赢的关系，是合作伙伴的关系。没有老板，员工就没有施展才华的舞台；没有员工，老板的企业就不能壮大和发展。记着，没有永远的老板，你也不是永远的员工，总有一天你会成为老板，那么现在就要站在老板的位置上看待工作。老板和员工之间的关系处理好了，会给企业的发展营造一个十分和谐的气氛，更会推动企业的大力发展，同时也会让员工有更好的施展才华的舞台。

群体引导

用心想想:从老板与员工的对话中你认为谁说的有道理?

个别活动

1. 看看影碟:看看电影《大转折——挺进大别山》。

2. 谈谈说说:假设你是班长,你会怎样和同学相处,做好工作?你是普通同学,你又怎样配合、支持班长的工作呢?

3. 动笔写写:根据自己的经验,写写处理与老师、班干部关系的几个小窍门。

10. 除了升职你还有梦想

讲述故事

　　2002年,从河北省一个小农村出来的张强年仅18岁,他和同村的5个伙伴同时进入天津的一家服装加工公司打工。这家公司是个私营企业,规模不大,当时才刚刚起步,且全公司只有30余名工人,主要从事服装代加工业务。公司的老板是个五十来岁的男子,人很实诚,也很讲义气。然而公司那时正处于创业阶段,利润不高,工人的工资相比之下也比较低。不到半年,跟张强一起进来的几个同乡便相继跳槽,另攀高枝去了。

　　可张强始终没走,他跟伙伴们说他要等等看。等什么看什么呢?同乡们都不理解他的举动,谁出来打工不是为了多挣钱呢?守着这么一个刚成立的公司哪会有大的发展?但张强不这么认为,他是一个很聪明很有责任感的年轻人。通过仔细观察,他看出公司的老板是一个很有事业心、很有能力、能干大事的人。张强看到,老板平时只要不外出跑业务,就跟工人们同吃同住同干活,重活、脏活老板总是抢着干。另外,老板很讲诚信,不管公司经营多么困难,从不拖欠工人工资。于是,工人们换了一茬又一茬,张强却坚持留了下来。

　　张强相信老板的能力,看到了公司的希望,而老板也看中了勤劳肯干的张强。一天晚上,老板请张强吃饭时问他:"我这里工资低,你的同乡都走了,你为什么不走?"张强回答:"如果我没看错的话,公司不出3年肯定会发展壮大。"老板说:"你这么肯定?"张强说:"因为我相信你,也相信我自己。"老板爽朗地大笑起来,他拍着张强的肩说:"好小子,从明天起你就调到生产部学技术,我相信你,你我是朋友了,我们一起好好干!"

从这天起,张强带着强烈的责任感更加积极地工作、认真地学习。在张强的心里,他感谢老板对自己的信任和栽培,同时他也清楚地认识到,只有真正掌握技术,才能够帮助公司取得新的发展。在两年多的时间里,张强每天白天跟着生产部的师傅们一起苦学技术,亲自操作机器;晚上和节假日,他就用休息的时间给自己"充电"。这个只有高中学历、没有真正学过一天技术的青年不仅把来打工时带的高中课本重新翻出来学了一遍,又到新华书店买来大学英语和化学教材。渐渐地,原来在公司里只能干些体力活的张强竟成了公司的技术骨干,有几次,生产中遇到技术上的难题,张强提出的合理化建议都被公司采纳。

果不其然,公司凭着良好的经营管理,凭着过硬的产品质量迅速壮大起来。而张强也成为公司里学历最低技术却最好的技术员。公司里大多数的技术人员和工人都对这个学历不高的青年刮目相看,老板也更加看中他。

两年后,公司开始发展壮大,不仅扩大了经营,而且员工人数也从过去的几十人发展到上千人。此时的张强通过自学,已经熟悉了各种操作,他全程参与了公司的生产线扩建工作。生产线扩建后,信任张强的老板把他提升为销售经理,负责工厂的对外销售。面对肩头的重任,张强再次明显地感觉到自己掌握的知识太少,于是他又开始拼命地学习,仅一年时间,他已经会说一口流利的英语,还通过网络联系到了不少国外的订单。

如今,张强已是公司的一名高管。他的侃侃而谈、博学多才使很多合作伙伴钦佩不已。他谈到今天的工作时会很平静地说:"我从来没有感觉自己现在与别人有什么不同,我仍然跟工人们工作在一起、吃在一起、住在一起,这对我来说将是一个新的学习的过程。我想告诉所有的年轻人,只要不断努力、不断学习,就能取得成功。"

智慧心语

很多人初入职场很迷茫,几年过去了也没有什么长进,就是因为他没有清晰的目标,并且没有付出足够的努力。我们的工作目的无非就是为了养家糊口、为了学习成长、为了积累知识技能、为了积累人脉、为了积累客户以备自己的创业……为了养家糊口是最低级的目标,如果能有更远大的目标,那么你的进步就是飞快的。你能走多远取决于你能看多远!努力工作的终极目标,是为我们创造更好的条件享受生活,工作的快乐在于我们亲手实现自己的梦想,而不断地拥有新梦想,调整坐标保持斗志,我们才能飞得更高。坚持是成功的钥匙。

罗曼·罗兰曾说:"与其花很多时间和精力去凿很多浅井,不如花同样的时间和精力去挖一口深井。如果一个人能专心地做一件事情,反而更加容易出成就。对于年轻的职场人来说,如果能在一个岗位上坚持更久,那么成功的概率更大。"

群体引导

1. 用心想想:张强成功的秘诀是什么?假设你求职时也是这种情况,你会怎么做?

2. 唱唱歌曲:

飞得更高

填词:汪峰　演唱:汪峰

生命就像一条大河

时而宁静时而疯狂

现实就像一把枷锁

把我捆住无法挣脱

这谜样的生活锋利如刀

一次次将我重伤

我知道我要的那种幸福

就在那片更高的天空

我要飞得更高飞得更高

狂风一样舞蹈挣脱怀抱

我要飞得更高飞得更高

翅膀卷起风暴心生呼啸

飞得更高
一直在飞一直在找
可我发现无法找到
若真想要是一次解放
要先剪碎这有过的往
我要的一种生命更灿烂
我要的一片天空更蔚蓝

个别活动

1. 看看影碟：看看英国电影《跳出我天地》。

2. 谈谈说说：在人生道路上你曾拥有过哪些梦想？为了实现某一个梦想你坚持过吗？结果怎样？

3. 读读写写：建议找时间读一读陈田立的《人事经理职场笔记》，看后写一写你的感悟。

11. 男儿要自信、自强

讲述故事

一个 15 岁的初中生,每天都在懵懵懂懂地混日子,打架、斗殴、抽烟、逃学,十足的坏学生,连老师都有些怕他,他从没觉得这样有什么不好。15 岁,正是情窦初开的年龄,那年他喜欢上了班上的一个女同学,他给她写了一封情书,她鄙视地看了他一眼,竟然把他的情书贴到了学校的宣传栏里。虽然他的检讨书在宣传栏贴过不下 20 次,但这一次,不知为什么他感到一种刺心的痛;第二年他升入了高中,在后来的高中三年的时间里,他像变了个人似的,拼命地学习,竟然考上了湖南大学。

22 岁,他大学毕业,顺顺利利地进了政府机关。每天一杯茶一张报地在机关混日子,他觉得这日子过得也不错。有一回,他到乡下去访亲,亲友竟然把一头狼像狗一样地养在家里护院,他惊问其故,亲友告之,这狼自幼就与狗一同驯养,久而久之,这狼连长相都有些像狗,更别提狼性了。他当时看着那狼,想想自己,顿时有些心惊。没多久,他就在别人的惋惜声中辞职去了深圳。

到深圳后,他和许多人一样开始了求职历程。他求职的方式和别人有所不同,别人都是按报上的招聘启事去求职,他不,他专找那些有名的外资公司去求职,而且他总能想方设法地向外方经理面送自荐信。搞得那些外方经理一个个莫名其妙:"我们现在没有招聘需要啊!"他微笑着告诉对方:"总有一天你们会需要招聘的,真到那时,那么我就是第一个应聘的人。"还别说,他真的被一家公司录用了。那一年,他 24 岁。

27 岁,他因为成绩突出,被调到地处丹佛的美国总部。上班的第一天,他按中国人的习惯请美国的新同事共进午餐,然而,就在他准备结账的时候，同事们却一个个不合情理地坚持自己结自己的账，他当时觉得很尴尬，但同时也明白了些什么，于是更加努力地工作。

这是一个人的真实经历，他叫王其善，现在是位于美国丹佛市的全球第四大电脑公司的技术总监，很受公司器重。他在回母校讲课时，讲起了他人生中的几个小片段。他说，15岁时的经历让我明白，一个人要想被他人接受，并且被他人尊重，首先得自己尊重自己；22岁我开始明白，狼之所以失去狼性，是因为它没有学会自立；24岁我知道，要想求职成功，首先要自信；而27岁在美国上班的第一天，我知道了美国人为什么要实行AA制，因为每个人都不能指望别人会为自己的人生结账，要想获得成功，你就得自己努力，根本就不能指望别人，这就叫自强。

智慧心语

一个打麻将、整天上网玩游戏的人，你指望他有什么成就？一个整天游手好闲、不务正业的人，你指望他有什么成就？"眼前多少难甘事，自古男儿当自强。"作为一个成熟的男人，他应该是自信、自强的。自信，就是坚定不移地相信自己的能力，相信自己在事业中能够依靠自己的力量来取得成功，它来自于实力，是精彩人生的基础，而自强是辉煌事业的起点。记住：

自信＋自强＝成功。

群体引导

1. 用心想想：在自己的身边有没有同学、朋友自信自强的例子？你相信自己吗？

2. 唱唱歌曲：

男儿当自强

填词：黄霑　演唱：林子祥

傲气傲笑万重浪

热血热胜红日光

胆似铁打骨似精钢

胸襟百千丈眼光万里长

誓奋发自强做好汉

做个好汉子每天要自强

热血男子热胜红日光

让海天为我聚能量

去开辟天地为我理想去闯（碧波高涨）

又看碧空广阔浩气扬

即是男儿当自强

强步挺胸大家做栋梁做好汉

用我百点热耀出千分光

做个好汉子

热血热肠热

热胜红日光

个别活动

1. 看看电影：看看电影《黄飞鸿二之男儿当自强》。
2. 谈谈说说：怎样做才能成为一个自强自信的男人？
3. 读读写写：建议找时间读《哈尔罗杰历险记》（【英】威勒德·普赖斯），读后写心得体会。

12. 女人要自尊、自立

讲述故事

小蜗牛问妈妈：为什么我们从生下来，就要背负这个又硬又重的壳呢？

妈妈：因为我们的身体没有骨骼的支撑，只能爬，又爬不快。所以要这个壳的保护！

小蜗牛：毛虫姐姐没有骨头，也爬不快，为什么她却不用背这个又硬又重的壳呢？

妈妈：因为毛虫姐姐能变成蝴蝶，天空会保护她啊。

小蜗牛：可是蚯蚓弟弟也没骨头爬不快，也不会变成蝴蝶，他为什么不背这个又硬又重的壳呢？

妈妈：因为蚯蚓弟弟会钻土，大地会保护他啊。

小蜗牛哭了起来：我们好可怜，天空不保护，大地也不保护。

蜗牛妈妈安慰他：所以我们有壳啊！我们不靠天，也不靠地，我们靠自己。

智慧心语

做一个自尊、自立的人不容易，做一个自尊、自立的女人更是不易。一个女人，自尊才能自爱，自爱才能自立，自立才能自强。只有不依赖别人，通过自己努力不断学习、努力做事的女人，才会得到大家的肯定，才能实现人生所追求的目标。

群体引导

1. 用心想想：每个人在这个世界上都有一个壳，女性的壳是什么？

2. 唱唱歌曲：

女孩当自强

填词：蓝小邪　　演唱：S·H·E

E:拜托　眼泪又不是钻石珍珠　一直在哭　难道你能一夜之间暴富

S:是谁　告诉你有王子这动物　还不如你　自己骑上白马比较靠谱

H:失恋　失去所有美丽的错误　快开香槟　为你能够死里逃生庆祝

E:没错　他就是不合身的衣服　赶快脱掉　换身行头再去爱里跳舞

S:我知道一定有一点辛苦

H:但我们的心都要坚固

E:告别了错的人不算输

H:使我们更加靠近幸福

E:爱情卷起万重浪(E:越无情越有心越让人全力以赴)

E:我们女孩当自强(合:可以小鸟依人也能自我保护)

E:大不了受一点伤(E:昨天的伤口会变成明天的礼物)

E:会让我们更漂亮(合:Top Girl 都要做自己的救世主)

(合:Top Girl 都要做自己的救世主)

H:看吧　天还是会亮会带日出　粉身碎骨　止痛之后就能脱胎换骨

E:浪费时间饲养青蛙当宠物　省下力气　足够拯救全宇宙的动物

H:失恋　失去一个懦弱的叛徒　快放烟火　为下一次遇见英雄欢呼

S:没错　你该穿上更美的礼服　带上微笑　从从容容再去爱里跳舞

S:你知道一定有一点辛苦

H:但我们的心都很坚固

E:结束了错的梦不算输

H:使我们值得更加幸福

E:爱情卷起万重浪(E:越危险的游戏越让人全力以赴)

E:我们女孩当自强(合:可以小鸟依人也能自我保护)

E:大不了受一点伤(E:昨天的伤口会变成明天的礼物)

E:会让我们更漂亮(合:Top Girl 都要做自己的救世主)

E:谁怕爱情万重浪(E:越危险的游戏越让人义无反顾)

E:我们女孩当自强(合:是最勇敢坚强也最温柔贤淑)
E:不用谁施舍阳光(H:好的坏的都是收获不是包袱)
E:我们自己是太阳(合:Top Girl 就要做自己的救世主)
合:T－O－P WANNA TOPGIRL？　　EVERYBODY SAY
　　T－O－P WANNA TOPGIRL！

个别活动

1. 看看影碟:看看香港电影《女儿当自强》。

2. 谈谈说说:职场中的女性应具备哪些素质？

3. 读读写写:找时间看一看李可的小说《杜拉拉升职记》,写一写杜拉拉身上有哪些升职的因素。

四、职场规则

13. 反思自我

讲述故事

　　一个旅行者在行进的途中,突然改变了原来选定的路线,决定抄近道前往目的地。但他没想到,刚走几步,脚就被什么东西猛地绊了一下,摔了一跤。他并没有急于站起来,而是躺在那里,一边揉着受伤的脚,一边仔细打量脚下的草地。原来,绊倒他的是一个草环——一种丛生植物,用它极柔韧的枝蔓缠绕而成的很隐秘的草环。在他跌倒的周围,有很多这样的草环,不留意就会绊个跟头。他坐起来后,又下意识地往前方看了一眼。这一眼,令他大吃一惊:不远处,暗藏在繁花绿草间的,竟是一片可怕的沼泽。如果他走过去,就会陷在里面。转到另一条安全的路上,他庆幸刚才跌的那个跟头,更庆幸自己没有漫不经心地急于爬起来赶路,而是细心地查找到了让自己跌倒的原因,还认清了自己原本以为安全的捷径,实际上暗藏着那么多的危险。

智慧心语

　　在人生旅途上,我们每个人难免会遇到各种各样的挫折和失败,能不被困难吓倒、勇敢地爬起来的人,这种勇气固然可贵,但只有在跌倒时冷静地总结失败原因的人,才更不容易让自己在同一个地点摔跤。老板聘用员工,是来做事情的,他手中的机会,总是要给出去的。老板不重用你,原因不在老板身上,而在你身上,要么你根本就没本事,做不了事情,老板不敢把机会给你,怕你做砸了;要么就是你虽然有本事,但你没展示出来,老板对你没信心。现实的情况是,在职场上,只有大约3%的人知道去反思,他们反思什么呢?"老板为什么不重用我?我哪里没做好?""老板为什么不给我机会?"

"老板要求的,我怎么做不到呢?""老板要求我做这做那,是不是我做事不够主动呢?"这3%的人最终会成为职业精英。因为成功不仅需要勇气,还需要一个善于总结经验和教训的大脑。

群体引导

1.用心想想:在你成长的道路上,你跌过几次跟斗?跌倒后你做的第一件事是什么?它对你爬起来走向成功有帮助吗?

2.唱唱歌曲:

从头再来

填词:陈涛　演唱:刘欢

昨天所有的荣誉
已变成遥远的回忆
勤勤苦苦已度过半生
今夜重又走入风雨
我不能随波浮沉
为了我挚爱的亲人
再苦再难也要坚强
只为那些期待眼神
心若在梦就在
天地之间还有真爱
看成败人生豪迈
只不过是从头再来

个别活动

1.看看影碟:看看电影《女大学生宿舍》。

2.谈谈说说:你目前最大的困难是什么?说说难的原因,你想过办法吗?

五、职场成功

14. 号召力——人格魅力

讲述故事

2010年7月,吉尔吉斯斯坦发生骚乱,先后担任过吉尔吉斯斯坦外交部长、反对派领导人,并且领导过"郁金香革命"的奥通巴耶娃临危担任吉尔吉斯斯坦过渡时期总统。在她的领导下,借助国内外势力,协调各方关系,不久,吉尔吉斯斯坦的暴乱平息了。奥通巴耶娃成了吉尔吉斯斯坦的掌门人。视对手为朋友,真诚对待他人,这是她一贯坚持的人生原则,这也使她无论在朋友中间还是在对手中间都赢得了良好的口碑,获得了极高的号召力。

在奥通巴耶娃读中学时,她已初显较强的号召力了。

那是在一年一度的校运动会马拉松赛场上,尽管考虑到学生的体力,整个赛程缩短至8公里,但超强的体力、耐力,还是吓跑了不少人,只有三个女孩子报名,其中一个女孩儿就是奥通巴耶娃。奥通巴耶娃身材中等,体形稍瘦,是三名学生中最有实力的选手,围观的师生对她抱以热烈的期待。在沿途上设置了蓄水点,以便选手可以及时补充能量。

比赛开始了,三名运动员马上分出了高低。奥通巴耶娃体力好,遥遥领先于其他两位同学,在跑到2/3距离时,她已经领先第二名一百余米。

在离终点还有两公里左右时,她感觉自己口干舌燥,脚下如灌了铅般地沉重,速度慢下来了。正在此时,后面的一位同学超越了她。周围的同学大声喊叫:"奥通巴耶娃,加油!加油!追上她,我们支持你!"她鼓足勇气跟了上去,"追上、追上,我能行,我能行!"她暗暗地给自己鼓劲,但还是与对手差了半臂距离。

这时,一位同学送给她一瓶水,她喝了几口后,准备扔到地上,这也是长跑运动员的一种习惯姿态。但出乎所有人意料的是,她没有扔,竟然把那瓶水送给了跑在她前面的同学,那真是雪中送炭呀,那同学也渴死了,接过奥通巴耶娃递过来的水,仰脖一口喝了大半瓶,本能地把瓶子扔进了旁边的稻田里。

一切发生在瞬间,周围的同学惊呼时:"奥通巴耶娃,你怎么了?"奥通巴耶娃对同学们挤出艰难的笑容,用手指指前面的对手,继续跑向了终点。

那名同学由于及时补充了营养,破天荒地打破了校马拉松的运动会纪录。

同学纷纷责怪奥通巴耶娃,不该送给对手那瓶水,正是那瓶水救了对手。

她接受校杂志采访时说道:"我已经感觉不行了,体力不支,即使是补充水分也不可能战胜她,我想帮助她打破纪录的,要知道,这个纪录已经二十余年没有人打破了。"

帮助对手赢得比赛,有人说奥通巴耶娃傻,有人说她善良、大度。从此,奥通巴耶娃像一块吸铁石,深深地吸引了人们,形成了强大的气场。不管是朋友还是对手,都对她投以敬佩的目光,热烈地拥护着她。

智慧心语

号召力,是每一个管理者要取得工作成绩必备的技能和素质,也是每一个矢志成功的人士必须具备的能力和素质。奥通巴耶娃的成功在于能用宽广的胸怀容纳人,真诚地关心别人,妥善处理各种人际关系,因此具有了强大的号召力。号召力是建立在管理者宽广的胸怀、敏锐的眼光、科学的领导艺术、高尚的人格构成的领导魅力的基础之上的。管理者的强大号召力能让整个团队凝聚成一往无前的力量。所以说比陆地大的是海洋,比海洋大的是天空,比天空大的是管理者的号召力。

群体引导

用心想想:自己的特质怎样?如何提升自己的号召力?班级哪些同学具有号召力?具体表现在哪里?

个别活动

1. 谈谈说说：对喜欢出头打架斗殴的人，你是如何看待的？
2. 动笔写写：选出班级里表现突出的人，他们是有号召力的人吗？

（1）学习、技能最棒的人：
（2）唱歌、跳舞最好的人：
（3）体育活动最强的人：
（4）最乐于助人的人：
（5）最能吃苦耐劳的人：
（6）最真诚的人：
（7）最讲朋友义气的人：
（8）最大方的人：

15. 使命感——强大的内驱力

讲述故事

在一个美丽的花园里，长满了苹果树、橘子树、梨树和玫瑰花，它们都幸福地满足地生活着。

花园里的成员都是那么快乐，唯独一棵小橡树愁容满面。可怜的小家伙被一个问题困扰着，那就是，它不知道自己是谁，自己将要做什么。

苹果树认为它不够专心，"如果你真的努力了，一定会结出美味的苹果，你看多容易！"

橘子树紧接着说："对呀，你要加把劲。看，只要我吃足了养料，就会结出满树黄澄澄的橘子，多有成就感！"

梨树也不甘示弱，骄傲地嚷嚷道："结出果子是小意思。你看，在灿烂的春天里，我还能开出一树洁白的梨花呢。连唐朝诗人岑参都把冬天的雪花比作我呢。'忽如一夜春风来，千树万树梨花开。'橡树小弟弟，向我学习吧！努力开花结果，完成你的伟大事业。"

玫瑰花说："别听它们的，干吗一定要结果呢？开出玫瑰花来最容易，你看多漂亮！人们在表达爱情时非选我不可，我已是爱情的代言人了，像我一样开花，给人们带来幸福快乐！"

小橡树按照它们的建议拼命努力，但它越想和别人一样，就越觉得自己失败。怎么也开不出美丽的花，结不出甜美的果子。

这时，隐隐约约地有个声音传了过来："做自己，倾听内心的声音吧。"小橡树惊讶地东张西望，没有看到任何人，它自言自语道："做我自己？了解自己？倾听自己内心的声音？"突然，小橡树茅塞顿开，它闭上眼睛，敞开心扉，终于听到了自己内心的声音："你永远都结不出苹果、橘子、梨，因为你不是苹果树,不是橘子树,更不是梨树;你也不会每年每天都开花,因为你不是玫瑰。你是一棵橡树,你的命运就是要长得高大挺拔,给鸟儿们栖息,给游人们遮阴,创造美丽的环境。你有你的使命,去完成它吧!"

小橡树顿觉浑身上下充满了力量和自信,它开始为实现自己的目标而努力。后来,它终于长成了一棵大橡树,给人们带来了夏日的清凉,赢得了大家的尊重。

智慧心语

什么是使命感?使命感就是对人生使命的认识,简单地说,就是知道自己在做什么。每个人都有上天赋予的使命,"天生我材必有用"强调的就是每个人有不同的使命。作为一名企业员工,如果没有使命感,就是一名不称职的员工,就不能很好地完成自己的工作,也就谈不上事业的成功,更不能帮助企业谋发展。记住:要成功就必须有使命感!因为,使命感是职业精神的灵魂。

群体引导

1. 用心想想:你自己活着的使命是什么?自己的长处适合向什么专业发展?

2. 唱唱歌曲:

我是一个兵

填词:陆原　岳轮

我是一个兵
来自老百姓
打败了日本侵略者
消灭了蒋匪军
我是一个兵
爱国爱人民
革命战争考验了我

立场更坚定

嘿嘿枪杆握得紧

眼睛看得清

敌人胆敢侵犯

坚决把他消灭净

个别活动

1. 看看影碟：看看电影《钱学森》。
2. 谈谈说说：想一想自己所学专业的使命是什么？怎样才能完成使命？
3. 动手写写：课外调查解放军叔叔、警察等工作的使命是什么。

16. 好习惯——成就美好人生

讲述故事

从前,有个叫张小军的穷孩子,四五岁已经帮父母干活了:打猪草、打柴、带弟弟妹妹。到了十多岁光景,父母央求镇上的剃头王师傅,请他收儿子张小军为徒,学好一技,走遍天下嘛。王师傅看看小军,人很老实本分,手脚麻利,便让他择日正式拜师学艺了。

刚学剃头,王师傅先让小军用柚子为模型练习。张小军学得很快,在师傅的指导下,一刀接一刀地、一丝不苟地在柚子上认真地剃呀剃呀。"小军,打盆水来。"听到师傅叫水,小军毫不含糊地把剃刀剁在了柚子上,像在家里剁猪草时,把刀牢牢地剁在菜板上那样。这时,师傅只顾一边认真给顾客剃头一边与顾客聊天,没有理会小军是如何取水的。久而久之,小军练习剃头、打水这一系列动作不但非常熟练,而且也非常潇洒自如,到了出神入化的境界。

一天,师傅看他在柚子上练习得有模有样,很不错,可以实际操作了,便让他给顾客剃头。小军高兴坏了。他干得干净利落,赢得了顾客的好评:"小伙子,剃得蛮好了嘛。"他正高兴之际,师傅那边要用水,"张小军,打水来!"小军听到师傅叫喊,条件反射般地把手中的剃刀"呼"地剁向顾客的脑袋,酿成了不该发生的悲剧。

智慧心语

著名教育家叶圣陶说:"积千累万,不如养个好习惯。"对于一个人来说,养成良好的习惯非常重要,因为习惯一旦养成就很难摆脱,很可能会伴随人的一生,好习惯会使我们终身受益,坏习惯则使我们处处受到它的妨碍,贻害无穷。昨天的习惯已经造就了今天的我们,而今天的习惯将决定我们的明天。好习惯成就好人生,让我们从现在做起,养成好习惯,让其引领我们走向成功的彼岸。

群体引导

用心想想:你的哪些习惯在阻碍你进步?你注意过它们吗?(如随地吐痰,乱扔纸屑垃圾,抽烟,酗酒。早恋、迟到、旷课、上课玩手机,乱倒剩饭剩菜等)请列出你最想改掉的坏习惯。

个别活动

1. 谈谈说说:故事中的小军是有意杀人吗?请谈谈你的看法。
2. 动笔写写:在下列习惯中选出个人认为好的习惯并打"√"。
   (1)上课时边听课边看手机新闻、听歌。( )
   (2)下课时离开座位,活动一下身体,眺望一下远方。( )
   (3)上课时偷偷地吃东西。( )
   (4)对同学的长相、衣着、体态等评头论足,给同学取外号。( )
   (5)当天的作业当天完成,经常用课余时间加强专业技能的练习。( )
   (6)上晚自习时走出教室打球、玩耍。( )
   (7)从楼上往下随意倒水、扔垃圾。( )
   (8)人走灯灭,人走关门,节约用水。( )
   (9)借用同学东西时,不打招呼,顺手拿走就用。( )
   (10)经常使用"您好"、"请"、"麻烦您"、"谢谢"、"对不起"、"没关系"等礼貌语言。( )
3. 动手做做:做一个"坏习惯"垃圾桶。

资料卡片:

成功的16种习惯

1. 乐于工作是一种习惯。

2. 珍惜资源是一种习惯。

3. 勤奋、上进的心是一种习惯。

4. 重视安全是一种习惯。

5. 换个角度看待每件事是一种习惯。

6. 时间管理是一种习惯。

7. 不迁怒、不与别人发生争执是一种习惯。

8. 创意思考是一种习惯。

9. 凡事学会感激是一种习惯。

10. 和自己赛跑是一种习惯。

11. 友善亲和是一种习惯。

12. 温柔敦厚、勤俭、吃苦耐劳是一种习惯。

13. 相信自己是一种习惯。

14. 有情有义是一种习惯。

15. 保持冷静是一种习惯。

16. 追求成功是一种习惯。

名人名言

1. 积千累万,不如养个好习惯。(教育家叶圣陶)

2. 栽种思想,成就行为;栽种行为,成就习惯;栽种习惯,成就性格;栽种性格,成就命运!(华人首富李嘉诚)

3. 习惯形成性格,性格决定命运。([美]约·凯思斯)

4. 人是习惯的奴隶!([古希腊]柏拉图)

5. 行为总是一再的重复,因此卓越不是单一的举动,而是习惯。([古希腊]亚里士多德)

6. 人喜欢习惯,因为造它的就是自己。([英]萧伯纳)

7. 成功的习惯其本身就是成功的最大原动力。(美国哈佛大学前校长伊勒阿特)

8. 习惯仿佛一根缆绳,我们每天给它缠上一股新索,要不了多久,它就会变得牢不可破。(著名教育家曼恩)

征稿启事

中等职业学校"职业指导"丛书共6册,每学期1册,首版每册暂设16个主题。

丛书主题的设计采用开放式,各校或任课老师可根据教学实际把自己学校富有特色的职业指导案例补充进来,出版社每年将选取有推广价值的案例结集出版。

来稿请发至下列电子邮箱中:xinjiaocaitougao@sina.com。

来稿一经采用,作者将享有署名权和获得报酬权。

旅游教育出版社